Digitaler und disruptiver Wandel im Blickfeld von Standortanalysen

Changemanagement der Dynamik

Jörg Becker

Der Autor

Jörg Becker hat Führungspositionen in der amerikanischen IT-Wirtschaft, bei internationalen Consultingfirmen und im Marketingmanagement bekleidet und ist Inhaber eines Denkstudio für strategisches Wissensmanagement zur Analyse mittelstandorientierter Businessoptionen auf Basis von Personal- und Standortbilanzen. Die Publikationen reichen von unabhängigen Analysen bis zu umfangreichen thematischen Dossiers, die aus hochwertigen und verlässlichen Quellen zusammengestellt und fachübergreifend analysiert werden. Zwar handelt es sich bei diesen Betrachtungen (auch als Storytelling) vor allem von Intellektuellem (immateriellen) Kapital nicht unbedingt um etwas Neues. Doch um neue Wege zu gehen, reicht es manchmal aus, verschiedene Sachverhalte, die sich bewährt haben, miteinander neu zu kombinieren und fachübergreifend zu durchdenken. Zahlen ja, im Vordergrund stehen aber „weiche" Faktoren: es wird versucht, Einflussfaktoren nicht nur als absolute Zahlengrößen, sondern vor allem in ihrer Relation zueinander und somit in ihren dynamischen Wirkungsbeziehungen zu sehen.

Auch scheinbar Nebensächliches wird aufmerksam beobachtet. In der unendlichen Titel- und Textfülle im Internet scheint es kaum noch ein Problem oder Thema zu geben, das nicht bereits ausführlich abgehandelt und oft beschrieben wurde. Viele neu hinzugefügte und generierte Texte sind deshalb zwangsläufig nur noch formale Abwandlungen und Variationen. Das Neue und Innovative wird trotzdem nicht untergehen. Die Kreativität beim Schreiben drückt sich dadurch aus, vorhandenes Material in vielen kleinen Einzelteilen neu zu werten, neu zusammen zu setzen, auf individuelle Weise zu kombinieren und in einen neuen Kontext zu stellen. Ähnlich einem Bild, das zwar auf gleichen Farben beruhend trotzdem immer wieder in ganz neuer Weise und Sicht geschaffen wird. Texte werden also nicht nur immer wiederholt sequentiell gelesen, sondern entstehen in neuen Prozess- und Wertschöpfungsketten. Das Neue folgt aus dem Prozess des Entstehens, der seinerseits neues Denken anstößt.

Management Overview

Die Gesetze der Wirtschaft ändern sich, herkömmliche Geschäftsmodelle geraten ins Schwanken. Es ist so etwas wie eine Revolution im Denken wie im Geschäft. Maßgeblich für vieles ist der Traffic auf Plattformen: deren Wert besteht für den Anbieter darin, dass sie dort präsent sind für andere im Netzwerk, die dann den Plattform-Anbieter entlohnen. Grundsätzlich besehen bietet sich eine unternehmensübergreifende Zusammenarbeit immer dort an, wo singuläre, individuelle Lösungsansätze möglicherweise zu Nachteilen im Wettbewerb führen können. Eine Cluster-Bildung erfolgt immer auf der Grundlage wirtschaftlicher Erwägungen: entsprechende Cluster können dazu beitragen, dass Innovationen schneller als bisher zur Marktreife gelangen. Seit jeher haben Menschen über räumliche Distanzen miteinander kommuniziert: von Rauchzeichen über Buschtrommeln, Briefe oder Brieftaube, Post, Telegraf, Telefon bis heute hin zu E-Mail, SMS, Chat und Instant Messaging: Kommunikation hat ihren gesellschaftlichen Stellenwert gesteigert. Kommunikation hat ihren Zweck verändert: immer häufiger wird kommuniziert, nur um zu kommunizieren.

Egal wie groß die Datenmenge auch sein mag, ein Grundgesetz des Organisierens lässt sich damit nicht erschüttern: Entscheidungen müssen getroffen werden – immer noch unter den Bedingungen begrenzter Rationalität". Die Hoffnung trügt, errechnen zu können, was es eigentlich zu entscheiden gilt. Denn wo bliebe sonst das Unbekannte, die kreative Idee? Nur weil etwas formal weniger strukturiert ist, ist etwas nicht weniger wertvoll oder gar verzichtbar. Es geht darum, mehrere Methoden anzuwenden, Vor- und Nachteile der Abstraktion und Vereinfachung gegeneinander abzuwägen und vor allem zu lernen, wie das Eine mit dem Anderen zusammenhängt und wie die jeweiligen Ergebnisse zu interpretieren sind. Die Vision an der Schwelle zur Wirklichkeit: lauter kleine Computer begleiten den Menschen bei allen erdenklichen Alltagsdingen in ein angenehmeres Leben: ein Smart Home, das dem Menschen noch weit mehr abnimmt als sein gegenwärtiges (bereits nahezu unverzichtbares) Smart Phone. Ganze Häuser mutieren zu Maschinen und dienen ihren Bewohnern, ohne noch irgendetwas bedienen zu müssen.

Kritisch ist eher nicht die Verfügbarkeit von Daten. Sondern kritisch ist eher die Kunst, an diesen Informationswust die richtigen Fragen zu richten. Um an die richtigen Informationen zu gelangen und aus diesen nutzbares Wissen zu generieren. Was wie wo zu speichern ist, richtet sich nach dem Kriterium der Nützlichkeit. Aber wer weiß schon sicher, welche interessanten Schlüsse sich in ein paar Jahren aus gespeicherten Daten ziehen lassen. Wer weiß schon sicher, welche bislang noch unbekannten Zusammenhänge sich aus gespeicherten Daten vielleicht noch berechnen lassen. Die zunehmende Fülle von Inhalten führt zu einem „Information Overload" (progressive Anzahl abrufbarer Informationen). Der Wahrheitsgehalt aus dem Internet abgerufener Informationen ist nicht immer exakt bestimmbar: jeder Onliner muss daher in Eigenverantwortung fremde Informationen bewerten. Die Dynamik digitaler Aktivitäten entwickelt sich in Richtung zunehmender Offenheit: „Social Networking", „elektronischer Exhibitionismus".

Die Teilhabe an der Informationsgesellschaft setzt Handlungskompetenz, d.h. den kritischen Umgang mit Informationen voraus. In einem pan-europäischen Open Data-Portal wird ein Meilenstein für die grenz- und sektorübergreifende Weiterverwendung von Daten der öffentlichen Hand gesehen. Aufgebaut werden sollen treffsichere Datenregister: eine Art elektronischer Spürhund soll in den Datenportalen der Mitgliedstaaten regelmäßig nach neuem, offenem Material suchen. Ziel ist es, den unstrukturierten Datenwust zu ordnen und zu systematisieren. Aus den Datenschätzen in den Behörden können interessante Dienstleistungen entwickelt werden. Mit globalem Networking kann Wissen gemeinsam genutzt und weiterentwickelt werden. Communities vereinfachen den Informationsaustausch und die Koordination von Aktivitäten.

Mittels global vernetzter „Think Tanks" kann Wissen kanalisiert und weltweit nutzbar gemacht werden. Communities schaffen eine Basis um das Wissen und Können vieler Personen zu aggregieren. *Ein Standortprofil zeigt dabei die Kräftebeziehungen zwischen Standortfaktoren:* Standortprozesse sind komplex und werden von zahlreichen, manchmal nur schwer oder nur indirekt wahrnehmbaren Faktoren beeinflusst, die gelegentlich nicht vorhergesehene oder einkalkulierte Konsequenzen mit sich bringen: unmöglich, dies alles ohne Transparenz schaffende Hilfen zu überschauen und quasi nur „aus dem Bauch" zu steuern. Die Elemente aller Standortphänomene sind Standortfaktoren, gewissermaßen die Ursprungsmaterie, aus der sich das aktuelle Standortgeschehen ableitet und entwickelt. Potentielle Investoren haben das größte Interesse daran, sowohl die Visionen und Ziele als auch ggf. anzutreffende Standortfaktoren einschließlich aller Erfolgsindikatoren zu verstehen. Hierfür ist eine entsprechende Bereitstellung geeigneter Informationen seitens des Standortes unverzichtbar. Es kommt darauf an, diese komplexen Elementarteile und -energien des Standortes ausfindig zu machen, genau zu lokalisieren, möglichst detailliert quantifizierbar zu machen und die vielfältigen Wirkungs- und Kräftebeziehungen untereinander offenzulegen.

Ein Mehr an Informationen bedeutet nicht automatisch gleichzeitig auch ein Mehr an Wissen. Internetnutzer haben nur ein begrenztes Zeit- und Aufmerksamkeitsbudget. Wichtig ist, wer den Nutzer durch die Informationsflut lotst. Da alle Lebensbereiche immer stärker von Information und Kommunikation durch „Ubiquität" (der „Allgegenwärtigkeit", d.h. der Erreichbarkeit zu jeder Zeit an jedem Ort zur Anwendung) abhängen. Seit jeher haben Menschen über räumliche Distanzen miteinander kommuniziert: von Rauchzeichen über Buschtrommeln, Briefe oder Brieftaube, Post, Telegraf, Telefon bis heute hin zu E-Mail, SMS, Chat und Instant Messaging: die Kommunikation hat ihren gesellschaftlichen Stellenwert gesteigert, die Kommunikation hat ihren Zweck verändert: „immer häufiger wird kommuniziert, nur um zu kommunizieren."

Wandel ist nichts Neues, sondern hat zu allen Zeiten stattgefunden. Was sich aber am Prozess des Wandels in jüngster Zeit geändert hat: der Wandel wird offenbar weniger vorhersehbar, der Wandel erfolgt in immer kürzeren Abständen, der Wandel zeigt sich in immer heftigeren Ausschlägen, der Wandel ist nicht mehr lokal begrenzt, der Wandel zeitigt immer gravierende Folgen und Auswirkungen für die gesamte Bevölkerung. Ähnlich dem Klimawandel müssen sich somit auch Standorte auf Wandel einstellen. Auch hier wird es Verlierer und Gewinner geben. Was in der Wirtschaft unter dem Oberbegriff „Change Management" verstanden wird, muss somit auch für einen Standort und dessen Wirtschaftsförderung zur Selbstverständlichkeit werden. Standorterfolge ergeben sich nicht automatisch, sondern müssen gezielt angestrebt werden.

Wer im Standortwettbewerb erfolgreich sein will, muss seine Erfolgshebel zuvor systematisch identifiziert haben. Standortentscheidungen werden aufgrund von operativen Kriterien, allgemeinem wirtschaftlichen Umfeld und finanziellen Kriterien getroffen. Unter operative Kriterien fallen jene Faktoren, die den geschäftlichen Ablauf unmittelbar beeinflussen können. Unter Kriterien zum allgemeinen wirtschaftlichen Umfeld fallen Faktoren wie soziale Struktur, regionale Kompetenzen, Lebensqualität. Finanzielle Kriterien beinhalten Aspekte, die einen direkten Einfluss auf die Kostenstruktur eines potenziellen Investments haben. Weiterführend zur Definition/ Beschreibung der Kernprozesse des Standortes müssen die Faktoren identifiziert und beschrieben werden, mit denen diese Prozesse letztendlich zum Erfolg geführt werden können. Daraus folgt: Die Erfolgsfaktoren des Standortes leiten sich von den zuvor definierten Kernprozessen ab. D.h. Hauptfaktoren, die den Standort nach vorne bringen, an denen der Erfolg des Standortes festgemacht werden kann.

Welche Argumente qualifizieren die IKT-Wirtschaft als strategisches Clusterziel? Eine Zusammenführung einzelner Glieder der Wertschöpfungskette lässt sich im Vergleich zu anderen Clusterzielen relativ leicht bewerkstelligen, da hoch qualifizierte IKT-Mitarbeiter sehr mobil und meist örtlich ungebunden sind. Die vorhandenen Büroimmobilien und Liegenschaften können meistens ohne große Investitionen auf die Bedürfnisse der IKT-Wirtschaft angepasst und umgestellt werden. Es sind keine langen Vorlaufzeiten notwendig, d.h. man kommt schnell zu sichtbaren Erfolgen. Die IKT-Wirtschaft gehört zu den dynamischen und wachstumsstarken Wirtschaftszweigen, d.h. hat positive Auswirkungen auf die Kaufkraft vor Ort und eröffnet zusätzliche Möglichkeiten für eine Reihe von Komplementärnutzungen. Die IKT-Wirtschaft ist global vernetzt, von diesen Kontakten kann auch ein Standort profitieren. Die IKT-Wirtschaft hat eine Querschnittfunktion für alle Branchen und Betriebsgrößen, d.h. an dem Kern-Cluster IKT-Wirtschaft könnten weitere Cluster angedockt werden. Die IKT-Wirtschaft ist ein Innovationsmotor, der auch für den Rest des Standortes Impulse ausstrahlen kann.

Für die Wertschöpfungsketten mancher Produkte ermöglicht erst die räumliche Nähe, dass diese bestmöglich optimiert werden können. D.h. wenn mehrere Unternehmen an der Herstellung eines Produktes beteiligt sind und im Wege einer interdisziplinären Zusammenarbeit verschiedene Verfahren und Technologien zusammen gebracht werden, stärkt eine perfekte Abstimmung in räumlicher Nähe auch die Konkurrenzfähigkeit des Standortes. Ganz allgemein sind Wirtschaftscluster Netzwerke von Produzenten, Zulieferern, Ausbildungs- und Forschungsstätten, Dienstleistern und sonstwie verbundenen Institutionen. Dies alles in regionaler Nähe zueinander. Die Austauschbeziehungen entlang der Wertschöpfungskette werden intensiviert. Je vollständiger und lückenloser die Wertschöpfungskette aufgebaut werden kann desto erfolgreicher ist wahrscheinlich diese Clusterstrategie.

Mit der Kommerzialisierung des Internet sind neue Machtzentren entstanden, die Einfluss auf jedermann, ob nun bewusst oder unbewusst, haben. Mit der digitalen Revolution des Netzes stehen alle an einem Wendepunkt technologisch-gesellschaftlichen Wandels: es geht um den Eintritt in die Risikozone digitaler Technologien. Tätigkeiten, bei denen der Mensch vor dem Bildschirm durch eine Software im Computer ersetzt wird (gibt es auch auf überraschend vielen Management-, Logistik- und Controlling-Ebenen, die primär Daten erfassen, zusammenfassen, analysieren und weiterleiten) werden durch die Digitalisierung obsolet. Vor allem im Bereich Büro und Verwaltung könnte noch viel an menschlicher Arbeit entfallen. Standorte generieren einen stetigen Fluss aus Informationen. Die Frage die sich stellt: was ist zu tun, um nicht in ihm zu ertrinken. Mit Hilfe der Indikatoren können Informationen aus vielen Quellen kombiniert werden.

Die Informationsflut aber lässt sich erst dann beherrschen, wenn Standortverantwortliche selbst darüber entscheiden können, welche Quellen sie eigentlich kombinieren und bündeln möchten, und zu dieser Mischung die wichtigste Quelle überhaupt hinzufügen können: ihre eigenen Informationen. Selektion, Gewichtung und Bündelung von Indikatoren im Rahmen einer umfassenden Standortbilanz: Indikatoren können und sollen dazu beitragen, den Fluss aus allen für einen Standort wichtigen Informationen schnell und sauber zu gestalten. Informationen sammeln sich fast überall, das Internet steigert das Informationsangebot gewissermaßen ins Unendliche. Die dadurch bedingte Informationsverschmutzung gleicht der Lichtverschmutzung in Großstädten, die es unmöglich macht, die Sterne zu sehen. Ohne geeignete Instrumente wird eine solche Flut von Informationen aus der Gegenwart, aus dem was gerade ist oder zu sein scheint, sowohl Sachverhalte der Vergangenheit als auch der Zukunft ausblenden. Es ist daher unabdingbar, dass jemand die Funktionen der Selektion, Datenaggregation und -integration sowie der Gewichtung und Interpretation wahrnimmt.

Alles in allem kommt es darauf an, dass sowohl externe (Investoren, ansiedlungsinteressierte Firmen, Existenzgründer u.a.) als auch interne (Wirtschaftsförderung, politische Entscheidungsträger u.a.) Personengruppen eine elementare Vorstellung von der Größenordnung, Erfolgsrelevanz, Entwicklungsfähigkeit, Priorität, Wirkungsstärke/Wirkungsdauer von Standortfaktoren bekommen. Die Standortökonomie weicher Faktoren kann dabei helfen, zunächst allgemein und nebulös erscheinende Aussagen/Angaben zu einem Standort konkret zu hinterfragen und in vertrautere Proportionen (Relationen zu verständlichen Sachverhalten, Wahrscheinlichkeiten ihres Eintretens) zu übersetzen. Nicht zuletzt steigert das Medium Standortbilanz die Servicequalität der Kommune und stellt für sie einen weiteren Kommunikationskanal dar, um die Ressourcen und qualitativen Vorteile des Standortes nach außen zu tragen.

Das Konzept einer Standortbilanz verbindet Selbst- mit Fremdeinschätzung und bietet somit zweierlei Mehrwert: einerseits wird damit die Selbstwahrnehmung des Standortes analysiert, andererseits wird die Wahrnehmung aus Sicht von Investoren hinterfragt. Darüber hinaus hat die Standortökonomie die Aufgabe, komplexe und unübersichtliche Zusammenhänge so aufzubereiten, dass sie für den Entscheidungsprozess (die Entscheidungssituation vor Ort ist auch durch soziale und kommunikative Prozesse geprägt, vieles läuft auf der sozialen und emotionalen Ebene ab) eingesetzt werden können. Die Verfahren verschaffen nicht nur der Kommune selbst, sondern insbesondere auch ortsansässigen und ansiedlungsinteressierten Firmen einen konkreten Vorteil in Form qualifizierter, nachvollziehbarer Standortinformationen. Wer in großen Datenbergen gute Antworten finden will, braucht gute Fragen. Die wichtigsten Fragen hierbei sind: welche Merkmalsträger will man beobachten und messen? Wie viele Merkmalsträger will oder kann man beobachten, d.h. wie groß soll die Stichprobe sein? Wie groß ist der Informationsverlust im Vergleich zur Vollerhebung aller Merkmalsträger?

Mit Big Data haben diese Fragen eines gemein: es geht um so etwas wie die Berechenbarkeit der Welt. Komplizierte theoretische Modelle werden durch direkt aus der Grundgesamtheit herausgefilterte Muster abgelöst: eine maschinell bearbeitete Empirie der Daten ersetzt die theoretische Erklärung. Soziale Prozesse werden anhand von Korrelationen berechnet, Datenmuster anhand von Algorithmen generiert. Trotzdem oder gerade deshalb bleibt nach wie vor die Frage nach der Tragfähigkeit von solchen Konzepten der Berechenbarkeit, d.h. ob sich die Komplexität unserer Welt tatsächlich nur mit maschineller Rechenleistung bändigen lässt. Big Data bedeutet nicht automatisch einen Zuwachs von Wissen und Erkenntnis. Dieser Tatbestand wird auch nicht dadurch geheilt, dass Computer so lange zum Korrelieren und Clustern gezwungen werden. Zwischen den verschiedenen Wirtschaftssektoren wirken starke Ausstrahlungseffekte. Sichtbare Formen dieser hohen Querschnittfunktionalität sind „Embedded Systems" als Innovations- und Wachstumstreiber. Eingebettete Systeme spielen eine zunehmend wichtigere Rolle auch für das tägliche Leben. So sind diese Software- und Hardware-Helfer im häuslichen Umfeld u.a. im Mobiltelefon, Fernseher, Auto und in vielen anderen Haushaltsgeräten integriert. Eingebettete Systeme: revolutionieren die

Produkt-, Dienstleistungs- und Prozesswelt, werden auch für andere Wirtschaftszweige zum Innovationstreiber, helfen Standorten bei der Bewältigung langfristiger Probleme (z.B. Alterung der Gesellschaft, Globalisierung), sind Auslöser für einen Strukturwandel sowohl in der IKT-Branche selbst als auch in der verarbeitenden Industrie. Autonome intelligente eingebettete Systeme haben die Produktlandschaft nachhaltig verändert.

Der Mittelstand ist nicht nur das Rückgrat der deutschen Wirtschaft, sondern auch der IKT-Branche: als Innovator, Abnehmer und Erbringer von IKT-Leistungen. High-Tech-Gründungen und -Startups können als Antriebsmotor für die zukünftige Entwicklung eines Standortes dienen. Was also liegt näher, als die Wirtschaftsförderung zu einem Entrepreneur der IKT zu aktivieren. Für die Wirtschaftsförderung eines Standortes geht es im Bereich der Startups weniger um Bereitstellung (von ohnehin meist nicht vorhandenen) Geldmitteln sondern vor allem um das Beiseiteschaffen von Hindernissen, um den wirklichen Abbau von oft beklagten Bürokratiebremsen. Mit einem solchen Rollenverständnis als Enabler von Geschäftsvorhaben könnte die Wirtschaftsförderung manche Pluspunkte sowohl für sich als auch für den Standort insgesamt auf der Habenseite verbuchen. Die Entwicklung neuer Informationstechniken hat unsere Welt schneller gemacht, was zeitnahe Anpassungen erfordert. *Zukunftsorientierung*: der rein vergangenheitsorientierte Umgang mit Steuerungsinformationen bietet keine ausreichende Basis für die Zukunftssicherung. *Komplexitätsreduktion*: erfordert aktive Unterstützung durch Analyseprozesse. *Szenarien*: die Fähigkeit, alternative Szenarien interaktiv zu modellieren, ermöglicht die Simulation von optionalen Zukunftsstrategien. *Soft Facts*: Neben Kennzahlen ist auch die Integration von „weichen" Informationen notwendig. Volatilität des Umfeldes als Herausforderung: nicht nur in vergangenheitsbezogenen Daten denken, sondern Szenario- und Sensitivitätsanalysen nutzen. Das Hüten einer immer weiter verfeinerten Controlling-Toolbox hilft nicht, wenn nicht gleichzeitig Status quo, Geschäftsmodell und Instrumente ständig hinterfragt und überdacht werden.

Big Data verselbständigt sich mehr und mehr und schafft sich seine eigenen Strukturen. Die neue Währung sind Klicks, die auf der Basis von Benutzerführung und Aufmerksamkeit zunehmend Inhalte, Prozesse, Geschäftsmodelle, Werbung oder ganze Wertschöpfungsketten umgestalten. Der Überbau der Daten wird selbst zur neuen Realität anstatt diese einfach nur abzubilden, mehr oder weniger unbewusst müssen (wollen) wir uns der neuen Logik des Netzes beugen. Gedankengänge und Reaktionsmuster werden von Algorithmen berechnet, sogar vorausberechnet. Es könnte geschehen, dass das Wissen der Menschheit von der Logik der Klicks eingeholt und in Form klickgetriebener Inhalte überrollt werden könnte. Geschäftsmodelle aus der digitalen Welt lassen sich an vielen Stellen einer Volkswirtschaft verorten: durch digitale Technologie werden traditionell regional begrenzte Zusammenhänge geöffnet und vernetzt, Geschäfte mit nahezu unbegrenzten Mengengerüsten möglich, und der Aktionsradius für wirtschaftliche Akteure wird erweitert.

Durch die Verbindung der klassischen mechanisch- elektronischen Produktionsstrukturen mit Software und Informationstechnik (cyber-physische Systeme) sowie die Nutzung von Private-Cloud-Diensten wird die Wertschöpfungskette um eine Informationskette in Echtzeit ergänzt. Die Neuerfindungen digitaler Geschäftsmodelle sind weder an Ort noch an eine bestimmte Kultur gebunden. Mit der Digitalisierung lassen sich auch alte Ideen ökonomisch neuartig nutzen. Die globale Vernetzung in Echtzeit ist nicht zuletzt ein gewaltiges Beschleunigungsprogramm (bei dem allerdings die unterschiedlichen Zeitmuster und Geschwindigkeiten erst in einem ganzheitlichen Wirkungszusammenhang transformiert werden müssen). Mit Hilfe der Verarbeitung und Interpretation großer Datenmengen können neue Erkenntnisse gewonnen werden, Risiken und Chancen besser eingeschätzt werden, Kosten gesenkt und Entscheidungen schneller und fundierter getroffen werden. Der Schlüssel sind die richtigen Algorithmen. Mit deren Hilfe können die Ergebnisse aus der Datenauswertung auf die Geschäftsprozesse übertragen werden.

Die Kombination aus Cloud und mobilen Geräten ermöglicht eine neue Art des Arbeitens: sie ist der Türöffner für mehr Agilität und Flexibilität. Entscheidend hierbei ist die Fähigkeit zur intelligenten Nutzung von Daten. Wobei es nicht darauf ankommt, immer noch mehr Daten anzuhäufen. Wichtiger ist, die richtigen Daten zu erfassen und sie intelligent zu analysieren. Trotz Automatisierung von immer mehr Entscheidungen ist aber der Mensch nach wie vor gefragt. Denn im realen Leben gibt es viele Dinge, die auch Big Data nicht vorhersehen kann. Hier muss dann der Mensch eingreifen und die Algorithmen erst wieder an die neue Situation anlernen. Das traditionelle Managementdenken konzentriert sich nach wie vor auf quantifizierbare Aussagen. Voraussetzung ist, dass das Netzwerk der Beziehungen zwischen einzelnen Komponenten des Intellektuellen Kapitals sinnvoll strukturiert werden, um darauf aufbauend dann geeignete Indikatoren ableiten zu können. Mit Blick auf die gesamte Volkswirtschaft steht eine sichere IT-Infrastruktur für die Energieversorgung, Telekommunikation, Finanzdienstleister u.a. auf dem Prüfstand. Damit verändert und bestimmt die Digitalisierung die Art und Weise, in der Menschen zusammenarbeiten und zusammenleben.

Für viele Menschen sind raum- und zeitgebundene Arbeit schon heute Realität. Herkömmliche Arbeitsformen werden ersetzt durch flexible Projektarbeit mit einem Mix aus internen und externen Kräften. Vernetzung und Digitalisierung liefern die Basis für die Entkoppelung vom klassischen Arbeitsplatz. Das Internet, so wie es heute ist, geschah so wie wir es geschehen ließen, alle ließen das Internet zu dem gedeihen, wie es heute ist. Unzählige Ideen kluger und kreativer Köpfe brachten auch das Internet zum Blühen. Und so ist das Internet heute größer, machtvoller und einflussreicher als vieles andere. Algorithmen mächtiger Konzerne steuern, was wir finden und kaufen sollen. Das Internet zerstört manches Bestehende und schafft gleichzeitig Neues. Aber das Internet schafft auch so manches Ungewisses und richtet, wer was zu welchen Konditionen im Netz veranstalten darf, welche Meinungen gelten und welche Geschäftsideen Erfolg haben oder welche eben nicht.

Nur wer ohne Vorbehalte akzeptiert, dass er sich vorhersehbar verhält, wird auch vorhersehbar handeln. Nur wer daran glaubt, dass eine anonyme Datenanalysemaschine besser weiß, was für ihn gut ist, verzichtet auf eigene Entscheidungen, auf Freiheit und selbstbestimmtes Handeln. Freies Denken, menschliche Unvollkommenheit und Gefühlswelten können daher als wirksame Schutzmechanismen gegen die anonyme Macht der Algorithmen funktionieren. Die Gefahr, dass Daten mit menschlichem Leben identisch werden können, ist real und nicht von der Hand zu weisen: Um frei entscheiden zu können, müssen Menschen wissen, was Daten tun. Immer häufiger werden wir uns der Unfähigkeit bewusst, die Konsequenzen der Informationen, die wir schon besitzen, zu erkennen. Wir verlassen das Zeitalter der Statistiken und aggregierten Daten und treten ein in das Zeitalter der Echtzeit und disaggregierten Daten. Das lebendige Individuum mutiert mehr und mehr zu einer Kommunikationsmaschine, deren Denken elektronische Medien schon grundlegend verändert haben.

Komplexe, dynamische Systeme wollen immer noch mehr an Datenreihen verarbeiten und machen deren Erhebung zu einer unausgesprochenen Frage des Wissens. Das Wissen, nicht genau zu wissen, was wir wissen, das „Denken des Undenkbaren" zwischen Realität und Fiktion, wird von digitalen Wissenskulturen gewissermaßen selbst produziert. Im Umbau des kulturellen und sozio-technischen Gefüges der Digitalisierung aller Lebensbereiche werden sogenannte Sachzwänge zu einem Sachverhalt, von dem keiner mehr so recht sagen kann, was eigentlich Sache ist. Als Folgen der allgegenwärtigen Datenerfassung verschieben sich lange Zeit für unverrückbar gehaltene Grenzen zwischen privatem und öffentlichem Raum. Wenn es ein Gegenmittel gegen jene digitale Ernte gibt, die von privaten und öffentlichen Akteuren ungehemmt eingefahren wird, so ist es ein allgemein verbreitetes Verhalten, dass viele alles anders machen, als man es von ihnen erwarten würde. Umso weniger Verhalten transparent wird, umso weniger Möglichkeiten der Manipulation und Steuerbarkeit gibt es. Nischen des Privaten und der Intransparenz bieten gewissen Schutz vor den Folgen der Digitalisierung.

Nicht wenige fühlen, das alles, was in zahllosen Rechnern an Daten wahrgenommen und verarbeitet wird, nicht ausreichen wird, um für die Welt, in der wir uns bewegen, benötigtes Entscheidungswissen zu erzeugen. Der Versuch, fehlendes Wissen, durch Berücksichtigung von immer mehr Informationen zu kompensieren, führt in eine Endlosschleife. Was nötig ist, sich Grenzen des Wissens einzugestehen und sich nicht mit immer mehr Informationen über dessen Fehlen hinwegzutäuschen. Es braucht Personen, die den Mut haben, ohne Rechthaberei zu ihrem fragilen Wissen zu stehen. Dabei steht die Kommune in einem scharfen Wettbewerb, in dem sie langfristig nur durch einen gezielten Einsatz sämtlicher Instrumente und Kompetenzen bestehen kann. Die Datenökonomie übernimmt Lösungsintelligenz und Entscheidungsgewalt mit Berechnung von Mustern, die das Leben sein sollen: In der digitalen Sphäre verschmilzt die Netzwelt immer stärker mit der Restwelt. Aus einem Wust von Daten wird eine (vermeintliche) Realität konstruiert. Big Data wird mit Lösungsintelligenz gleichgesetzt. Was in der Praxis bedeutet, dass immer mehr Entscheidungsgewalt auf Maschinen übertragen wird.

Durch digitale Vernetzung wird Wirtschaft mehr und mehr zur reinen Datenökonomie. Virtuell bestimmte Profile und Berechnungen haben Einfluss auf das Leben jedes Einzelnen. Alles, was technisch machbar zu sein scheint, wird im unbeirrten Glauben an die Berechenbarkeit der Welt ausgeschöpft: alles was möglich ist, wird gesammelt, aggregiert und ausgewertet. Denn alles könnte wichtig sein für die Berechnung von Mustern, die das Leben sein sollen. Die Gefahr ist, dass individuelles Leben auf ein Datenmodell reduziert wird. Die Technik formt auch Strukturen des Wissens, Technik beeinflusst die Modalitäten des Entstehens von Wissen. Der Wandel von Wissen verändert die uns umgebende Welt einschließlich Reaktionen des Bewusstseins. Elektronische Technologien verändern traditionelle Denkstrukturen.

Der Wandel der Kommunikationsformen hat gesellschaftliche Auswirkungen: elektronische Kommunikation überspringt und verschiebt Grenzen: sie verändert Bedingungen und bisherige Restriktionen der Zeitlichkeit. Für sich genommen mögen Rohdaten wie etwa Suchbegriffe der Internetnutzung, Webseitenbesuche, Lokationsdaten der Mobilfunknetze, Kreditkartenabrechnungen, Datenbanken der Grenzübertritte, Flugbuchungen und alle sonstigen digitalen Spuren nicht immer von großem erkennbaren Wert sein. Werden diese jedoch in einen Kontext gesetzt, etwa mit Informationen über andere Menschen und Ereignisse, entsteht eine neue Kategorie „Intelligence". In den Datenkatakomben der Algorithmen entstehen Destillationsketten, die digitalen Lebensspuren Sinn und Bedeutung verleihen. Eine solche digitale Allgegenwärtigkeit muss transparent offenlegen, was technisch geschieht (oder unterbleibt), wer haftet und verantwortlich ist.

Wichtig ist nicht nur zu wissen, welche Daten gesammelt werden: es geht auch (oder noch viel mehr) um Möglichkeitsräume, die sich aus den Datenbeständen (ggf. durch zukünftige Technologien) ergeben können. Die Digitalisierung hat längst schon die Vernetzung aller Bereiche des Lebens, Arbeitens, Wirtschaftens und Regierens erfasst. Oft ist das eigentliche Standortgeschehen kaum für Schlüsselpersonen vor Ort und noch weniger für Außenstehende wie beispielsweise dringend benötigte Investoren durchschaubar, geschweige denn anhand einer auch quantitativ nachvollziehbaren Darstellung in transparenter Weise nachvollziehbar. Unabhängig davon, ob man einen Standort eher mit seinem Innenleben (Entscheidungs-, Abstimmungs- und Moderationsprozesse zwischen verschiedenen politischen Ebenen), seinem nach außen gerichteten Auftreten, Erscheinungsbild und -profil (angebotsorientiertes Standortmarketing) oder aus der Sicht von außenstehenden Dritten (nachfrageorientierte Standortanalyse, -vergleich) betrachten will: letztlich muss immer nur das Ganze mit allen Facetten, dynamischen Wirkungszusammenhängen einschließlich auch aller Nebenwirkungen interessieren.

Der Mensch von heute braucht Computer und maschinelles Lernen mehr denn je, da er durch zu viele Informationen, zu viele Daten, zu viele Medien oder zu wenig Zeit zunehmend überfordert ist. Intelligenz beruht auf Lernfähigkeit und darauf, sich an veränderte Bedingungen selbständig anpassen zu können. Ein Lernalgorithmus, der alle notwendigen Strukturen entdeckt, um Daten auch ohne menschliche Hilfe eigenständig klassifizieren zu können, kommt mit Hilfe von neuronalen Netzwerken seinem biologischen Vorbild am nächsten. Grundlage des maschinellen Lernens sind künstliche neuronale Netze. Sie sind den Hirnstrukturen nachempfunden und bestehen aus unzähligen verbundenen „Neuronen", in Schichten organisierten Recheneinheiten. Es geht darum, Daten zu verstehen und die richtigen Fragen zu stellen. Vor allem dort, wo sich aus der Analyse neue Fragen ergeben, die man erst noch formulieren muss. Denn Daten erzählen nicht nur eine Geschichte, sondern tausend. Das Gesetz von Moore: die Zahl der auf einem Siliziumchip vorhandenen Transistoren verdoppelt sich alle 24 Monate. Experten aber datieren das Ende dieser Gesetzmäßigkeit derzeit auf das Jahr 2021. Ohnehin war klar, dass das Moore´sche Gesetz als eine Exponentialfunktion nicht in alle Ewigkeit so weiter fortgeschrieben werden konnte. Aber die Welt dreht sich trotzdem weiter, und zwar immer schneller: nie wieder wird sich die Welt so langsam verändern wie heute.

Themen-Leitfaden

Digitale Welt ohne Fabriken - gebündelter Wandel im Cluster

Vernetzung der Dinge - digitale Prozesse erzeugen digitale Daten

Die Informationsgesellschaft ist da - allgegenwärtiger Zugang zum Internet

Datenschätze in den Behörden für Mehrwerte durch Vernetzung unterschiedlichster Quellen

Cluster und Segmente für die Standortanalyse – Vergleiche finden meist nur im engen Suchraum statt – Standorte werden vorwiegend nur aufgrund von Erfahrungswerten der Akteure oder punktuellen Analysen beurteilt

„Ubiquität" der „Allgegenwärtigkeit" - der digitale Wandel bereitet den Weg für innovative Produkte und Dienstleistungen, kürzere Produktlebenszykluszeiten und damit für völlig neue Geschäftsmodelle

Wenn das einzig Beständige der Wandel ist, so steht ein derart dynamisches Gebilde wie ein Standort mittendrin

IKT-Wirtschaft – ein lohnender Zielcluster - eine Zusammenführung einzelner Glieder der Wertschöpfungskette lässt sich im Vergleich zu anderen Branchen relativ leicht bewerkstelligen

Bausteine für die Clusterbildung - ein intensiver Austausch von Wissen trägt zur Bildung eines innovativen Milieus bei

Welle der Robotisierung - eine große Umwälzung des Arbeitsmarktes ist im Gange

Kombination und Bündelung von Indikatoren – Stärke und Dauer von Rückkoppelungseffekten der IKT als Nervensystem der Wirtschaft

Standortbilanz-Erfolgshebel mit Prioritäten, Gewichtungen und Relationen
zu verständlichen Sachverhalten, Wahrscheinlichkeiten ihres Eintretens

Big Data und transparente Heuhaufen – Regime Big Data unantastbar? Big Data ist nicht Big Wissen

IKT revolutioniert Produkt-, Dienstleistungs- und Prozesswelt – Treiber des Strukturwandels mit Querschnittfunktionalität
Wirtschaftsförderung zum Entrepreneur der IKT aktivieren – Rollenverständnis als Business Enabler für Startups

Change Management und Volatilität - mit gestalterischem Denken können Daten Gutes tun

Eine Volkswirtschaft und ihre digitalen Geschäftsmodelle mit dynamisch veränderten Qualifizierungsinhalten - neue Interaktionsformen der informationsbasierten Arbeitswelt

Entscheidungsunterstützer IT – neue Art des Arbeitens – intelligente Nutzung von Daten - der Erwerb von Wissen ist ebenso zu behandeln wie eine Investition im materiellen Vermögensbereich

IT-Infrastruktur mit Gefahren und Risiken - ein Digital-Index auf vier Standbeinen – das Internet als dynamisches Werkzeug und grenzüberschreitender Innovationstreiber

Im Algorithmus als Doppelgänger jeden Individuums gefangen und befangen - Gesellschaft und Kommunikation in einem Big Data-Spiel ohne Kenntnis der Regeln

Das Zauberwort für den Siegeszug von Computersimulationen heißt „Prädiktion", die umso besser wird, je mehr Daten vorliegen -Sozialwissenschaften in einer informationsbasierten Welt

Standortthemen mit strategischem Stellenwert - Kommunikationsunterstützung für komplexe Zusammenhänge

Datenflut und Informationsverschmutzung mit verzerrten Signalen - digitale Sphäre verschmilzt Netzwelt und Restwelt und im digitalen Epochenwandel verwandeln sich Daten in Dinge und Dinge in Daten

Digitale Allgegenwärtigkeit mit Vernetzung aller Bereiche des Lebens, Arbeitens, Wirtschaftens - Data-Profiling und Transparenz als Sinnesorgane einer Standortbilanz

Künstliche Intelligenz für die Datenanalyse und Kombinatorik - Rechner mit intelligenter Geisteskraft oder Moore´s Law an den Grenzen der Physik

Digitale Welt ohne Fabriken – gebündelter Wandel im Cluster

Die Gesetze der Wirtschaft ändern sich, herkömmliche Geschäftsmodelle geraten ins Schwanken. Es ist so etwas wie eine Revolution im Denken wie im Geschäft. Da gibt es ganze Konzerne, die keinen einzigen Laden, kein einziges Lager besitzen. Beispielsweise nur einen virtuellen Marktplatz zur Verfügung stellen. Gestern noch unbekannte Angreifer zerlegen ganze Branchen: egal ob Auto-, Chemie- oder Gesundheitsbranche, Handel oder Banken – alle müssen sich umschauen, wie sie morgen ihr Geld verdienen, müssen verstehen, mit welchen neuen Mitspielern sie es in der digitalen Welt zu tun bekommen. Die es geschafft haben, zuvor ungenutzte Kapazitäten dem Markt zuzuführen, die Transaktionskosten zu senken und über virtuelle Plattformen Kunden günstiger mit Angeboten zusammenführen. „Es ist etwas anderes, ob man ein physisches Produkt wie ein Automobil verkauft oder sein Geld mit Mobilitätsdiensten in der digitalen Welt verdient. Dazu braucht es keine Fabriken, keine Historie, keine vollständige Wertschöpfungskette". Für die Strategie eines Unternehmens steht die Beziehung zum Kunden im Zentrum: Wohin fließen Aufmerksamkeit und Ressourcen? Maßgeblich für vieles ist der Traffic auf Plattformen: „Ihr Wert besteht für den Anbieter darin, dass sie dort präsent sind für andere im Netzwerk, die dann den Plattform-Anbieter entlohnen." Beispielsweise hatte auch das Finanzgewerbe noch nie physischen Produkte im Angebot: Kredit und Sparbuch sind abstrakte Produkte, die Zinsdifferenz ist der

Gewinn. Aber was zählt künftig? Das einzelne Produkt oder die Kundenkontakte? Entscheidend ist immer, wer den Draht zum Kunden, also die entsprechende Plattform hat. Auch Banken sind daher auf dem Weg zu Technologiekonzernen.

Die Qualität eines Standortes hängt stark von den erschlossenen Potentialen ab. Um seine Handlungsfähigkeit zu erhalten wäre ein Standort gut beraten, wenn er über seine administrativen Grenzen hinweg Schwerpunkte setzt, knappe Ressourcen bündelt, d.h. seine „Stärken stärkt". Grundsätzlich besehen bietet sich eine unternehmensübergreifende Zusammenarbeit immer dort an, wo singuläre, individuelle Lösungsansätze möglicherweise zu Nachteilen im Wettbewerb führen können (z.B.: Cluster-Bildung an Logistik-Knotenpunkten, da von diesen alle Nutzer profitieren und trotz aller Konkurrenz am Ausbau dieser Stärken interessiert sind. Oder: Mehrere Unternehmen finden sich zu einem Cluster zusammen, wo aufwendige Ver-/ Entsorgungseinrichtungen benötigt werden). Eine Cluster-Bildung erfolgt immer auf der Grundlage wirtschaftlicher Erwägungen: entsprechende Cluster können dazu beitragen, dass Innovationen schneller als bisher zur Marktreife gelangen. Seit jeher haben Menschen über räumliche Distanzen miteinander kommuniziert: von Rauchzeichen über Buschtrommeln, Briefe oder Brieftaube, Post, Telegraf, Telefon bis heute hin zu E-Mail, SMS, Chat und Instant Messaging: Kommunikation hat ihren gesellschaftlichen Stellenwert gesteigert. Kommunikation hat ihren Zweck verändert: „immer häufiger wird kommuniziert, nur um zu kommunizieren." Bildtelefon bzw. Videotelefonie via PC und Webcam,

Videokonferenz vs. „Voice over IP". Kommunikation hat bei der Übertragung ein immenses Tempo erreicht: Telekommunikation erfolgt weitgehend in Echtzeit und findet immer und überall statt. Wenn die Geschwindigkeit nicht weiter erhöht werden kann, so kann man doch die Qualität der Kommunikation weiter erhöhen. Letztlich soll das ganze Heim des Menschen smart und digital werden („Digital Home", „Smart Home"), d.h. im Haus selbst sollen die verschiedensten Anwendungen miteinander verknüpft werden.

Vernetzung der Dinge - digitale Prozesse erzeugen digitale Daten

Je vernetzter Prozesse sind desto effizienter wird die Wertschöpfung. Dabei sind Daten Innovationstreiber für eine eigene Wirklichkeit. Von ihnen wird eine ideale Grundlage für rationales Entscheiden erwartet (verlangt?). Müssen (dürfen?) also Manager bald nicht mehr selbst entscheiden, weil das nächste Geschäftsmodell bereits von Big Data ausgerechnet und die Strategie bestimmt wird? Denn wer alles weiß und alles überblickt (wie der Computer?), der kann die beste Lösung schlicht errechnen: im Idealfall also kein mühseliges Ordnen von Präferenzen, Herumschlagen mit Unsicherheiten und Entwickeln von Alternativen? Welcher Entscheidungsträger wird noch das Risiko tragen wollen, wider „besseres Wissen" entscheiden zu wollen?

Aber: „Egal wie groß die Datenmenge auch sein mag, ein Grundgesetz des Organisierens lässt sich damit nicht erschüttern: Entscheidungen müssen getroffen werden – immer noch unter den Bedingungen begrenzter Rationalität". Die Hoffnung trügt, errechnen zu können, was es eigentlich zu entscheiden gilt. Denn wo bliebe sonst das Unbekannte, die kreative Idee? Nur weil etwas formal weniger strukturiert ist, ist etwas nicht weniger wertvoll oder gar verzichtbar. Zwar sollen digitale Prozesse Qualität und Zeit und Kosten optimieren. Wobei in der Realität allerdings solche Ziele derart in Widerstreit geraten, dass sich das eine nicht ohne Schaden der anderen optimieren lässt. Also muss entschieden werden. „Vernetzte und automatisierte Entscheidungssysteme, seien sie digital unterstützt oder technisiert, erschweren oder verunmöglichen diesen menschengemachten Lösungsweg im Umgang mit widersprüchlichen Zwecken". Die Betriebswirtschaftslehre kann sich dabei nicht einfach von einer normativen (empfehlenden) Vorgehensweise auf eine empirische Methode zurückziehen, welche die Realität nur noch beschreibt und sich bewusst jeder Wertung enthält. Und argumentiert, „dass man heute Wirkungszusammenhänge ermitteln könne, die man früher wegen fehlender Daten nie empirisch überprüfen konnte und aufgrund empirischer Daten überhaupt erst faktenorientiert arbeiten könne. Besser wäre es, mehrere Methoden anzuwenden, Vor- und Nachteile der Abstraktion und Vereinfachung gegeneinander abzuwägen und vor allem zu lernen, wie das Eine mit dem Anderen zusammenhängt und wie die jeweiligen Ergebnisse zu interpretieren sind.

Kybernetische Ideen des Smart Home-Konzeptes – Häuser werden zu Maschinen — permanente Ortung und Erfassung von Körperfunktionen – Kontrollgesellschaft und Verbannung des Zufalls – Selbstoptimierung, Entschlüsselung und Berechenbarkeit. Die Vision an der Schwelle zur Wirklichkeit: lauter kleine Computer begleiten den Menschen bei allen erdenklichen Alltagsdingen in ein angenehmeres Leben: ein Smart Home, das dem Menschen noch weit mehr abnimmt als sein gegenwärtiges (bereits nahezu unverzichtbares) Smart Phone. Ganze Häuser mutieren zu Maschinen und dienen ihren Bewohnern, ohne noch irgendetwas bedienen zu müssen: Möbelstücke und Geräte kommunizieren untereinander, sprechen sich gegenseitig ab und teilen dem Mensch ihre Ergebnisse mit. Seien es mit der Vernetzung der Dinge nun Garagentor, Haustür, Rollläden, Lichter, Thermostate oder sonst was: alles wird aufgezeichnet und ausgewertet, wer diese Dinge wo wann oder wie benutzt. Unter dem Mantel des Strebens nach Komfort, Klimafreundlichkeit oder Sicherheit können die Bewohner des Smart Home permanent geortet und festgestellt werden, wann sie kommen oder gehen. Wenn die Bewohner dann auch noch ein Armband anlegen, das permanent aufzeichnet, in welchem Zustand sich ihr Körper gerade befindet (Kalorienverbrauch, Nährstoffaufnahme, Schlafenszeiten, u.a.), tauchen sie freiwillig und ohne äußeren Zwang eines Big Brother ein in die Welt einer Kontrollgesellschaft: die erfassten Daten lassen sich in einem solchen kluge Zuhause zu umfassenden Bildern der Bewohner zusammenfügen. Von diesem Zustand wäre es nur noch ein kleiner Schritt zum Verdächtigung derjenigen, die dann noch aus alten, dummen Wohnungen kommen. Das tägliche Leben wird erfassbar, entschlüsselbar und berechenbar gemacht, der Zufall daraus verbannt. Vordenker dieser Welt sehen am Horizont bereits die Überwachung aller menschlichen Regungen auf dem Weg zur permanenten Selbstoptimierung: der Mensch und eine Welt der perfekten Dinge werden eins, aufeinander abgestimmt und unlösbar miteinander verbunden.

Die Informationsgesellschaft ist da – allgegenwärtiger Zugang zum Internet

Die von jedem Mensch produzierte und hinterlassene Datenmenge nimmt dramatisch zu. Vieles von dem, was geschrieben, gefilmt, fotografiert oder gescannt wird, landet früher oder später im Computer, in welchem auch immer. Digital erfassbare Lebensäußerungen werden immer erfasst, wenn nur die Möglichkeit hierzu besteht. Unternehmen gehen dazu über, einfach alles zu speichern. Egal ob E-Mails, Präsentationen, Zahlungsbewegungen, Kundenkontakte oder was auch immer sonst. Kritisch ist eher nicht die Verfügbarkeit von Daten. Sondern kritisch ist eher die Kunst, an diesen Informationswust die richtigen Fragen zu richten. Um an die richtigen Informationen zu gelangen und aus diesen nutzbares Wissen zu generieren. Was wie wo zu speichern ist, richtet sich nach dem Kriterium der Nützlichkeit. Aber wer weiß schon sicher, welche interessanten Schlüsse sich in ein paar Jahren aus gespeicherten Daten ziehen lassen. Wer weiß schon sicher, welche bislang noch unbekannten Zusammenhänge sich aus gespeicherten Daten vielleicht noch berechnen lassen. Die Datenauswertung, soll sie effizient sein, ist dann eher nicht nur automatisch. Sie wird eher individualisiert auf einzelne Personen und Entscheidungsträger hin ausgerichtet sein müssen. Neben der Datennutzung spielt immer mehr auch die dabei vorhandene Sicherheit eine Rolle. Bei einer Vielzahl von Zugriffsmöglichkeit steigen nicht nur Möglichkeiten des Missbrauchs, sondern nicht zuletzt auch die Gefahr, dass wichtige Daten in skrupellose kriminelle Hände gelangen können.

Experten sprechen davon, das Internet habe zu einer „Digitalen Spaltung" der Gesellschaft geführt: eine besser gebildete Elite werde mehr und mehr die gesellschaftliche Entwicklung prägen (Vgl. zu weiteren Ausführungen u.a. Dritter Nationaler IT-Gipfel, Abschlussbericht: Zukunft & Zukunftsfähigkeit der deutschen Informations- und Kommunikationstechnologie). Es geht um Überwindung der „Digitalen Spaltung", verantwortungsbewusste Nutzung des Internets, freien Zugang zu Informationen, kompetente Teilhabe an der Informationsgesellschaft, digitale Identität durch Basisqualifikationen jedes Einzelnen, allgegenwärtiger Zugang zum Internet mit hohen Bandbreiten als Grundlage für die Entwicklung multimedialer Kommunikation und netzbasierten Anwendungen, Entwicklung der Breitband-Infrastruktur dergestalt, dass mit den Anforderungen der zukünftigen Anwendungen und Dienste Schritt gehalten werden kann, Ausrichtung der Netzinfrastruktur auf die Leistungsanforderungen der Zukunft, Steigerung der Übertragungskapazitäten beispielsweise mit Hilfe der Glasfasertechnik (Fiber-to-the-Home), Übergang von der stationären zur mobilen Internetnutzung (bisher ortsgebundene Anwendungen von Internet und Medien gehen über zur mobilen Nutzung und konvergieren in entsprechenden Endgeräten). Bereits heute sind etwa 40 Prozent der Deutschen über 50 Jahre alt, die Waagschale Alte : Junge wird sich bis 2050 stark in Richtung der Alten neigen. Es mag auf den ersten Blick verwundern: im Alter steigt der Bedarf des

Menschen nach Unterstützung, für die eine moderne IKT vielfache Beiträge zu leisten vermag: für die Gesellschaft im demographischen Wandel wird IKT zu einer der Schlüsseltechnologien avancieren, mit der sich für ältere Menschen nachhaltige Verbesserungen der Lebensqualität und Gesundheitsversorgung erreichen lassen, beispielsweise Fernüberwachung von Vitalfunktionen (Atmung, Puls, Sauerstoffgehalt des Blutes u.a.), Informationsübertragung zum Gesundheitszustand hilfebedürftiger Menschen direkt an den Arzt oder Verwandte, Sensormodule zur Sturzvermeidung in der Wohnung u.a.

Im Bereich der Gebäudeautomatisierung und des Energiemanagements könnten durch die IKT gemäß SMART 2020 Report fast 4 Milliarden Tonnen CO_2-Emissionen eingespart werden. Green-IT und E-Energy ermöglichen als tragende Säulen der Zukunftssicherung Ressourceneffizienz und Energieeinsparungen. Allein durch mehr Transparenz und Wissen über den eigenen Stromverbrauch und die damit verbunden Kosten könnten Haushalte ca. zehn Prozent Strom sparen. Beispielsweise durch Einstieg in ein energiesparendes „digitales Zuhause", automatisierte Geräteabschaltung, Überwindung von Stand-by-Funktionen. Innerhalb der Internetnutzung belegen die Nutzung von „E-Mails" und „Suchmaschinen" die vorderen Plätze: die Jungen (14 bis 19 Jahre) nutzen das Netz breiter und tiefer: das Spektrum reicht vom „Senden und Empfangen von E-Mails" über „einfach so rumsurfen" bis hin zu „Online-Communities nutzen". Die Älteren (über 60 Jahre) legen die Nutzungsschwerpunkte in den Bereich „Senden und Empfangen von E-Mails" und „Suchmaschinen". Hintergründe für die Nichtnutzung des Internet sind beispielsweise: Bildung und Kompetenz fehlen, unzureichende technische Verfügbarkeit (beispielsweise fehlender technischer Zugang zur Breitband-Infrastruktur), ökonomische Barrieren (Kosten zu hoch), mangelndes Interesse, bewusste Ablehnung, Info- und Unterhaltungsangebote von Presse, Radio, Fernsehen sind besser oder ausreichend, für Internet besteht weder beruflich noch privat Bedarf, weder Zeit noch Lust sich mit dem Internet zu beschäftigen, Geld lieber für andere Anschaffungen ausgeben.

Internetnutzung als Tor zur Informationsgesellschaft: die zunehmende Fülle von Inhalten führt zu einem „Information Overload" (progressive Anzahl abrufbarer Informationen). Der Wahrheitsgehalt aus dem Internet abgerufener Informationen ist nicht immer exakt bestimmbar: jeder Onliner muss daher in Eigenverantwortung fremde Informationen bewerten. Informationsqualität und Vertrauenswürdigkeit von Internet- Informationen sind nicht immer transparent, mit steigender Internet-Erfahrung nimmt die Skepsis meistens zu. Dem Nutzer ist es kaum möglich, seine digitalen Spuren hinsichtlich Verwendung und Weitergabe von Informationen zu verfolgen. Die Dynamik digitaler Aktivitäten entwickelt sich in Richtung zunehmender Offenheit: „Social Networking", „elektronischer Exhibitionismus". Weder können Einzelne die Masse an Informationen noch überblicken, noch reichen die Kontrollkapazitäten aus, um fragwürdige Inhalte nachzuverfolgen. Die Teilhabe an der Informationsgesellschaft setzt Handlungskompetenz, d.h. den kritischen

Umgang mit Informationen voraus, u.a. Bedienungskompetenz von IKT, Selbstorganisation für eine „intelligente" Nutzung, Medienkompetenz: situativer und bewusster Umgang mit digitalen Informationen.

Datenschätze in den Behörden für Mehrwerte durch Vernetzung unterschiedlichster Quellen

Ministerien und Behörden verfügen über wertvollen Informationen, u.a.: Geodaten, Beschlüsse, Verordnungen, Verkehrsinformationen, Umweltdaten, Urteile, Statistiken, wissenschaftliche Publikationen, parlamentarische Beschlüsse. Fraunhofer- Forscher entwickeln hierzu offene Datenportale, damit jedermann diese Informationen mit oft wirtschaftlich großem Potenzial nutzen kann. „Offene Daten können wesentlich einfacher genutzt werden, wenn die Informationen aufbereitet und gebündelt angeboten werden". In einem pan-europäischen Open Data-Portal wird ein Meilenstein für die grenz- und sektorübergreifende Weiterverwendung von Daten der öffentlichen Hand gesehen. Aufgebaut werden sollen treffsichere Datenregister: eine Art elektronischer Spürhund soll in den Datenportalen der Mitgliedstaaten regelmäßig nach neuem, offenem Material suchen. Ziel ist es, den unstrukturierten Datenwust zu ordnen und zu systematisieren. Aus den Datenschätzen in den Behörden können interessante Dienstleistungen entwickelt werden. Nach einer Schätzung der EU können die Mitgliedsländer mit öffentlichen Daten jährliche positive Effekte (in Höhe von 40 Milliarden Euro) realisieren. Sei es durch neue Geschäftsfelder (die dank mehr Informationen erschlossen werden können), durch bessere Bildungsangebote oder eine schlankere Verwaltung. „So können beispielsweise anhand von offenen Geodaten preiswerte mobile Navigationsanwendungen entwickelt, journalistische

Datenvisualisierungsdienstleistungen oder Risikoabschätzungen durch Wetterdaten angeboten werden".

Da Behörden selbst kaum informationsbasierte Geschäftsmodelle entwickeln können (ist auch nicht ihr Job) sei es umso wichtiger, solche Daten für Entwickler, innovative Start-ups und interessierte Bürger bereitzustellen. Das heißt, Daten werden zunehmend nicht nur als Wirtschafts-, sondern auch als Gemeingut verstanden. Dabei entstehen Mehrwerte häufig erst durch die Vernetzung unterschiedlichster Quellen. *Das Internet als „Mit-Mach-Netz":* Nutzer mit ähnlichen Zielen und Interessen kommunizieren in Communities. In virtuellen Gemeinschaften kann nach Personen gesucht, Fotos und Videos getauscht, in Gruppen diskutiert werden. Und: die Möglichkeit, Inhalte mit anderen Nutzern zu teilen. Und: die Möglichkeit, vernetzt zu kommunizieren und zusammenzuarbeiten, d.h. keine Beschränkung auf geographische Regionen (Nutzer können sich weltweit austauschen). Das Internet wird so die Vorstellung und Orientierung von Individuen immer stärker beeinflussen (jeder kann Informationen im Netz generieren und dort Ansprechpartner und Kommunikationswillige finden). 2 Nutzergruppen: a) Interagierende (aktiv), b) Konsumierende (passiv). Mit globalem Networking kann Wissen gemeinsam genutzt und weiterentwickelt werden Communities vereinfachen den Informationsaustausch und die Koordination von Aktivitäten. Mittels global vernetzter „Think Tanks" kann Wissen kanalisiert und weltweit nutzbar gemacht werden. Communities schaffen eine Basis um das Wissen und Können vieler Personen zu aggregieren. Das Internet wandelt sich von einem Informationsmedium zu einem Ort der Kommunikation und Kooperation (Beeinflussung des privaten und privatwirtschaftlichen Bereichs). Risiken der Internet-Nutzung u.a.: einerseits ist die Qualität von Informationen schwerer feststellbar (als z.B. bei klassischen Medien), andererseits stellt die Veröffentlichung eigener Daten ein Gefahrenpotential dar.

Cluster und Segmente für die Standortanalyse – Vergleiche finden meist nur im engen Suchraum statt – Standorte werden vorwiegend nur aufgrund von Erfahrungswerten der Akteure oder punktuellen Analysen beurteilt

Schlechte Standorte gibt es nicht: grundsätzlich gibt es im Markt keine schlechten Standorte, sondern lediglich solche, die nicht für jede Nutzung und jedes Unternehmen geeignet sind. Der Markt der Standorte wird aus unterschiedlichen Sichtweisen und Blickwinkeln betrachtet: nachfrageorientierte Sichtweise der Standortsuche von Unternehmen, angebotsorientierte Sichtweise des Standortmarketing von Gemeinden, Städten und Regionen oder innenbezogene Sichtweise für interne Diskussionen und Abstimmungen. Da auf der Angebotsseite des Standortmarktes die Standortökonomie weicher Faktoren nicht nur interne Planungs- Verwaltungs- und Entscheidungsprozesse unterstützt, sondern auch der Kommunikation nach außen, beispielsweise mit Investment Professionals der Nachfrageseite dienen soll, sollte vorab geklärt werden, auf welche Weise in der Praxis der Ablauf einer Standortsuche erfolgt: typischerweise erfolgt dabei ein Abgleich der Standortanforderungen (des suchenden Unternehmens) mit den Standortbedingungen (der anbietenden Kommune). Die nachfrageorientierte Standortsuche eines Unternehmens beginnt mit der Aufstellung eines Systems von Standortanforderungen und erstellt hieraus eine Rangfolge hinsichtlich ihrer Bedeutung (einschl. Gewichtung) für die Ansiedlung. Auf dieser Basis werden innerhalb eines in der Regel engen Suchraumes mögliche Standortalternativen meist aufgrund von Erfahrungswerten der Entscheidungsträger oder punktueller Analysen beurteilt. Abschließend wird dann ein Vergleich der Standortanforderungen mit den Standortbedingungen ausgesuchter möglicher Standorte (z.B. durch Punktbewertungsmodell, Nutzwertanalyse, Profilmethode) vorgenommen.

Klarheit für Standortangebote: obwohl Standorte auf der Ebene von kreisfreien Städten und Gemeinden die vielfältigsten Ansiedlungsmöglichkeiten und Standortbedingungen aufweisen und die Ausprägungen einzelner Standortfaktoren dabei um mehrere Hundertprozentpunkte differieren können, prüfen standortsuchende Unternehmen gemäß einer Untersuchung der Forschungsstelle für empirische Sozialökonomik (Köln) durchschnittlich lediglich 2, im Höchstfall nur bis zu 6 Standortalternativen. Der Grund hierfür liegt darin, dass sich eine flächendeckende Prüfung aller Standortalternativen auf Gemeindeebene bereits bei einer kleinen Zahl von Standortfaktoren schwierig gestalten kann, d.h. eine nachfragebezogene Untersuchung der nahezu 14.000 Städte und Gemeinden in Deutschland ist mit herkömmlichen Methoden nicht möglich. Umso mehr kommt es darauf an, dass mit einer angebotsbezogenen Standortbilanz eine Möglichkeit geschaffen wird, die genutzt werden kann, um möglichst frühzeitig und sicher in die Festlegung des Standortsuchraumes und der jeweils von Investment Professionals untersuchten Standortalternativen zu gelangen. Von der Angebotsseite her muss Klarheit darüber geschaffen werden, aus welchen Positionen sich das immaterielle Kapital eines Standortes überhaupt zusammensetzt. *Gruppenbildung der Standortfaktoren:* im Rahmen einer Systematik könnte die Gruppenbildung von Standortfaktoren auf der Grundlage von folgenden Hauptpositionen vorgenommen werden: Standort-Prozesse (GP), Standort-Erfolgsfaktoren (GE), Standort-Humankapital (HK), Standort-Strukturkapital (SK), Standort-Beziehungskapital (BK). Für jede dieser 5 Kapitalkategorien eines Standortes könnten dann zusätzlich jeweils ca. 5 der wichtigsten Einflussfaktoren definiert werden, d.h. als Ergebnis erhält man eine Übersichtsliste von ca. 25 Beispielen von für die Standortentwicklung relevanten Einflussfaktoren:

Standortprofil zeigt Kräftebeziehungen zwischen Standortfaktoren: Standortprozesse sind komplex und werden von zahlreichen, manchmal nur schwer oder nur indirekt wahrnehmbaren Faktoren beeinflusst, die gelegentlich nicht vorhergesehene oder einkalkulierte Konsequenzen mit sich bringen: unmöglich, dies alles ohne Transparenz schaffende Hilfen zu überschauen und quasi nur „aus dem Bauch" zu steuern. Die Elemente aller Standortphänomene sind Standortfaktoren, gewissermaßen die Ursprungsmaterie, aus der sich das aktuelle Standortgeschehen ableitet und entwickelt. Die Intensität der Kommunikation zwischen der Standort-Wirtschaftsförderung und potentiellen Investoren wird sich hierbei in Zukunft noch weiter verstärken. Mit Hilfe der Standortökonomie systematisierte weiche Faktoren bilden zunehmend mehr eine wichtige Grundlage für erfolgreiche Investorenkontakte sowie ein positives Auswahl-Rating. Potentielle Investoren haben das größte Interesse daran, sowohl die Visionen und Ziele als auch ggf. anzutreffende Standortfaktoren einschließlich aller Erfolgsindikatoren zu verstehen. Hierfür ist eine entsprechende Bereitstellung geeigneter Informationen seitens des Standortes unverzichtbar.

Voraussetzung hierfür ist, dass der Standort über alle Fakten im eigenen Bereich genauestens informiert ist, Zahlen transparent aufbereiten und offen kommunizieren kann. Eine Standortbilanz ist in diesem Zusammenhang ein äußerst effektives Instrument: die Wirtschaftsförderung wird unterstützt, sich optimal auf das Investorengespräch vorzubereiten: schwarz auf weiß erhält man einen umfassenden Überblick über den Status des Standortes. Die hierbei anfallenden Auswertungen machen nicht nur auf mögliche Schwächen aufmerksam, sondern geben auch wertvolle Hinweise auf die einzuschlagende Richtung einschließlich hierbei realisierbarer Potentiale. Es kommt darauf an, diese komplexen Elementarteile und -energien des Standortes ausfindig zu machen, genau zu lokalisieren, möglichst detailliert quantifizierbar zu machen und die vielfältigen Wirkungs- und Kräftebeziehungen untereinander offenzulegen.

„Ubiquität" der „Allgegenwärtigkeit" - der digitale Wandel bereitet den Weg für innovative Produkte und Dienstleistungen, kürzere Produktlebenszykluszeiten und damit für völlig neue Geschäftsmodelle

Ein Mehr an Informationen bedeutet nicht automatisch gleichzeitig auch ein Mehr an Wissen. Internetnutzer haben nur ein begrenztes Zeit- und Aufmerksamkeitsbudget. Wichtig ist, wer den Nutzer durch die Informationsflut lotst. Breitbandige Internetzugänge bilden eine Voraussetzung für vernetztes Leben und Arbeiten, für neue, innovative und nutzerorientierte Dienste. Da alle Lebensbereiche immer stärker von Information und Kommunikation durchdrungen und miteinander vernetzt werden, kommt hierfür der Begriff der „Ubiquität", der „Allgegenwärtigkeit", d.h. der Erreichbarkeit zu jeder Zeit an jedem Ort zur Anwendung. *Menschen werden immer stärker miteinander vernetzt:* nach Ort und Zeit, nach Privatem und Beruflichem, nach mobilen und stationären Infrastrukturen. Die Grenzen zwischen privater und beruflicher IKT-Nutzung verschwimmen zusehends. Durch nahezu grenzenlose Zugangsmöglichkeiten auf unterschiedlichste Datenquellen (z.B. Server) können von jedem Ort und zu jeder Zeit sowohl private als auch arbeitsrelevante Informationen abgerufen werden. Die IKT durchdringt Kommunikation (Sprache, Text, Bild), Unterhaltung und Entertainment (Film, Musik, Spiele), Gesundheit und Wellness, mobiles Arbeiten, E-Banking, E-Buying bis hin zu einer verbesserten Energie- und Ressourceneffizienz. IKT-basierte Dienste werden u.a. in Anspruch genommen aus Gründen wie beispielsweise Kosten und Umwelt, Individualisierung, Bequemlichkeit, Flexibilität, Effizienzsteigerung, Unabhängigkeit, Sozialisierung u.a.

Seit jeher haben Menschen über räumliche Distanzen miteinander kommuniziert: von Rauchzeichen über Buschtrommeln, Briefe oder Brieftaube, Post, Telegraf, Telefon bis heute hin zu E-Mail, SMS, Chat und Instant Messaging: die Kommunikation hat ihren gesellschaftlichen Stellenwert gesteigert, die Kommunikation hat ihren Zweck verändert: „immer häufiger wird kommuniziert, nur um zu kommunizieren." Bildtelefon bzw. Videotelefonie via PC und Webcam, Videokonferenz vs. „Voice over IP". Kommunikation hat bei der Übertragung ein immenses Tempo erreicht: Telekommunikation erfolgt weitgehend in Echtzeit und findet immer und überall statt. Wenn die Geschwindigkeit nicht weiter erhöht werden kann, so kann man doch die Qualität der Kommunikation weiter erhöhen. Letztlich soll das ganze Heim des Menschen smart und digital werden („Digital Home", „Smart Home"), d.h. im Haus selbst sollen die verschiedensten Anwendungen miteinander verknüpft werden.

Alles wird digitalisiert und vernetzt – disruptive Industrien im digitalen Wirbel: manche meinen, dass in den nächsten Jahren in den wichtigsten Branchen vier von zehn Unternehmen den digitalen Wandel nicht überstehen werden: im Epizentrum des „digitalen Wirbels" und damit on seinen Auswirkungen am stärksten in ihrer Existenz bedroht seien die die Branchen Technologie (IT), Medien, Einzelhandel, Finanzen oder Telekommunikation. Die Meinung ist zu vernehmen, dass in disruptiven Industrien (in denen bestehende Strukturen zerrissen werden) vor allem branchenfremde Wettbewerber eindringen (Apple in die Uhrenbranche, Samsung in die Lampen- und Leuchtenindustrie, Amazon in die Buchbranche). Eine weitere große Gefahr geht für traditionelle Unternehmen (Beispiel Banken) von jungen Startups aus. Der digitale Wandel bereitet den Weg für innovative Produkte und Dienstleistungen, kürzere Produktlebenszykluszeiten und damit für völlig neue Geschäftsmodelle.

Analoge Techniken und Digitaltechniken wachsen immer schneller zusammen. In der vernetzten Produktion muss man beides (gleich gut) beherrschen. Zusätzlich kommt die zunehmende Geschwindigkeit hinzu: dauerten früher in der analogen Welt Neuentwicklungen oft Jahre, schrumpft die Zeit zwischen Idee und Markteinführung (oft auf nur Monate) zusammen. Da Dinge mehr und mehr nur noch über Internet funktionieren, brauchen Hersteller eine Plattform: „über diese Plattform werden Daten erfasst, eingelesen, gespeichert, werden Vorhersagemodell entwickelt, Datenstromanalysen durchgeführt, die anzeigen, ob Signale korrekt und vollständig sind (die Cloud ist heute schon der fünftgrößte Stromfresser der Welt)". Das Wachstum in der Datenwolke geht einher mit der Bewältigung immer größerer Datenmengen (in Echtzeit), der systematischen Anwendung statistischer Methoden auf große Datenbestände (Data Mining). Auch für Wirtschaftsprüfer geht das Zeitalter der Stichprobe zu Ende: Big Data ist in der Lage, die Gesamtheit der Daten (zu jedem Zeitpunkt) auszuwerten.

Wenn das einzig Beständige der Wandel ist, so steht ein derart dynamisches Gebilde wie ein Standort mittendrin

Die Beherrschung des Wandels gehört zum Tagesgeschäft der Kommunalverwaltung im Allgemeinen sowie der Wirtschaftsförderung im Besonderen. Wandel ist also nichts Neues, sondern hat zu allen Zeiten stattgefunden. Was sich aber am Prozess des Wandels, nicht zuletzt ausgelöst durch eine globale Finanz- und Wirtschaftskrise, in jüngster Zeit geändert hat: der Wandel wird offenbar weniger vorhersehbar, der Wandel erfolgt in immer kürzeren Abständen, der Wandel zeigt sich in immer heftigeren Ausschlägen, der Wandel ist nicht mehr lokal begrenzt, der Wandel zeitigt immer gravierende Folgen und Auswirkungen für die gesamte Bevölkerung. Ähnlich dem Klimawandel müssen sich somit auch Standorte auf Wandel einstellen. Auch hier wird es Verlierer und Gewinner geben. Was in der Wirtschaft unter dem Oberbegriff „Change Management" verstanden wird, muss somit auch für einen Standort und dessen Wirtschaftsförderung zur Selbstverständlichkeit werden. Für die Wirtschaftsförderung dürfte es hierbei schwierig werden, solange sie nicht über ein schlüssiges strategisches Konzept verfügt, nach dem sie die Herausforderungen des Wandels zu bewältigen denkt. Schon vor dem Hintergrund der personellen Ausstattung so mancher Wirtschaftsförderung könnte der Eindruck entstehen, dass derzeit noch nicht alle Kommunen sprich Standorte ausreichend gerüstet sind.

Wie in der Wirtschaft gängig muss auch ein Standort Strategien für seine Zukunft entwickeln. Wenn es gut läuft, lassen sich diese auch im Detail konkretisieren und stehen in einer schlüssig nachvollziehbaren Direktverbindung mit dem Leitbild des Standortes. Da ein Standort eine Vielzahl von Themenbereichen abzuarbeiten hat, wird er hierfür auch kaum mit einer einzigen, allumfassenden Strategie auskommen, sondern dementsprechend angepasste verschiedene Strategien benötigen. Dies vor dem Hintergrund folgender, stark vereinfachenden Gedankenkette: wir befinden uns im Übergang zu einer wissensbasierten Ökonomie, alle Produkte und Lebensbereiche sind immer stärker von Wissen durchdrungen, Wissen ist der Rohstoff der Zukunft, der Dienstleistungssektor wird auch für die Zukunft eine hohe und stabile Entwicklungsdynamik aufweisen. Schlussfolgerung: wissensintensive Dienstleistungen sind für die Zukunft eines Standortes eine erfolgversprechende strategische Option.

Faktorenbündel eins Standort-Prozesse (GP): es soll ein Grundverständnis über die wesentlichen Geschäftsprozesse des Standortes und deren Bedeutung geschaffen werden. D.h. Geschäftsprozesse (GP) bilden die wesentlichen Themengebiete zur Wirtschaftsentwicklung des Standortes ab. Es geht um die Abbildung des Geschäfts-(Standortentwicklungs-)modells in prozessorientierter Sicht. Die Prozesse werden hierzu als Aktivitätsbündel definiert. Es sollen die für Wirtschaftsentwicklung/Standort relevanten, d.h. wertschöpfenden Kernprozesse herausgearbeitet und beschrieben werden. Solche Kernprozesse müssen/ sollten einen Mehrwert für ansässige Firmen, Ansiedlungsinteressenten, Investoren u.a. schaffen können. Fragen: Welches sind die wichtigen Kernprozesse?, z.B. Verwaltungsprozesse (bürokratische Abläufe, Genehmigungsverfahren u.a.), Standortmarketing (z.B. Markt-/Konkurrenzanalyse, Info- Material, Neukundengewinnung, Imageförderung, Standortsicherung u.a.), Wirtschaftsförderung (Bestandspflege, Fördermittel u.a.). Wie können so definierte Kernprozesse a) quantitativ und b) qualitativ bewertet werden? Welche Indikatoren, Kennzahlen (Maßeinheiten: %, Anzahl, Euro etc.) können ggf. diesen Kernprozessen zugeordnet werden?

Faktorenbündel zwei Standort-Erfolgsfaktoren (GE): Standortserfolge ergeben sich nicht automatisch, sondern müssen gezielt angestrebt werden: in diesem Fall geht es um mehr Transparenz über erfolgswirksame Standortfaktoren. Wer im Standortwettbewerb erfolgreich sein will, muss seine Erfolgshebel zuvor systematisch identifiziert haben. Standortentscheidungen werden aufgrund von operativen Kriterien, allgemeinem wirtschaftlichen Umfeld und finanziellen Kriterien getroffen. Unter operative Kriterien fallen jene Faktoren, die den geschäftlichen Ablauf unmittelbar beeinflussen können (Qualität der Infrastruktur mit Transport/Logistik, Qualifikation/Flexibilität der Arbeitnehmer, Verfügbarkeit von Gewerbeflächen u.a.). Unter Kriterien zum allgemeinen wirtschaftlichen Umfeld fallen Faktoren wie soziale Struktur, regionale Kompetenzen, Lebensqualität. Finanzielle Kriterien beinhalten Aspekte, die einen direkten Einfluss auf die Kostenstruktur eines potenziellen Investments haben (z.B. Arbeitskosten, Steuerlast, Verfügbarkeit von Fördermitteln. Weiterführend zur Definition/ Beschreibung der Kernprozesse des Standortes müssen die Faktoren identifiziert und beschrieben werden, mit denen diese Prozesse letztendlich zum Erfolg geführt werden können. Daraus folgt: Die Erfolgsfaktoren des Standortes leiten sich von den zuvor definierten Kernprozessen ab. D.h. Hauptfaktoren, die den Standort nach vorne bringen, an denen der Erfolg des Standortes festgemacht werden kann. Fragen: Welche sind die wichtigsten Standort- Erfolgsfaktoren ?, z.B. Gewerbesteuereinnahmen, Arbeitskosten, Kundenzufriedenheit (Standortimage, Wachstums-/ Ausbaupotential, Anpassungsgeschwindigkeit/ Innovations- und Reaktionsfähigkeit bezüglich Wandel der Rahmenbedingungen, Flexibilität hinsichtlich Kundenbedürfnissen u.a.). Erfolgsfaktoren sind vor allem auch Erfolgspotentiale. Für die Messung werden daher Indikatoren zur %-Ausschöpfung der Erfolgspotentiale (Potentialausschöpfungs-Indikatoren) abgeleitet. Die Ermittlung von Potenzialen erfolgt durch Gegenüberstellung des eigenen Ist-Wertes mit einem Referenzwert (Benchmark). Nach der Justierung des Benchmark-Wertes erhält man das realistische Potenzial, für das konkrete, umsetzbare Optimierungsmaßnahmen abgeleitet werden können. Ziel ist somit eine Erfolgssteigerung durch Ausschöpfung auch immaterieller Vermögenswerte, über die in der Regel wenige o. keine verlässliche Daten vorliegen. Der Standort muss eine klare Vorstellung davon erlangen, welche Stellhebel für seinen Erfolg von Bedeutung sind. Es geht darum, den Überblick über interne und externe Daten, Informationen und Fähigkeiten zu behalten. Wenn der Standort seine Fähigkeiten nicht genauestens einzuordnen weiß, verpasst er auch die Gelegenheit, sie zu nutzen. Die Schaffung interner Wissenstransparenz umfasst die Feststellung des Status-Quo. Eine Bestandsaufnahme mit einer sorgfältigen Identifikation und Evaluation kritischer Fähigkeiten ist somit eine unerlässliche Voraussetzung für das Management insbesondere der weichen Standortressourcen. Die Instrumente der Standortökonomie (z.B. Standortbilanzierung) ermöglichen eine ansonsten sehr aufwendige Analyse von Kausalnetzen, deren Knoten innerhalb und außerhalb des Standortes liegen können. Dabei können viele, ansonsten kaum erkennbare Zusammenhänge, Kausalbeziehungen und Vernetzungen zutage treten.

Faktorenbündel drei Standort-Humankapital (HK): die Ressource "Humankapital" weist charakteristische Merkmale auf: als Humankapital des Standortes werden Faktoren identifiziert/beschrieben, die dem Standort nicht gehören und wieder verloren gehen, wenn die Personen oder dieser Personenkreis den Standort verlässt, inaktiv werden u.a. Beim Humankapital (HK)geht es um Fragen wie: Welches Wissen und welche Kompetenzen sind relevant? Welches Verhalten und welche Einstellungen sind wichtig/notwendig? Welche sind die wichtigsten Humankapitale des Standortes?, z.B. Qualifiziertes Arbeitskräftepotential (% Uniausbildung, % Ingenieure, % Führungskräfte, % Betriebswirtschaftler, Studierende, Schüler Business School), Kaufkraft, Einwohnerstruktur (weiblich/männlich, alt/jung, % Migrationshintergrund, % deutsch-/fremdsprachig). Wie können die definierten Humankapitalarten a) quantitativ und b) qualitativ bewertet werden? Welche Indikatoren, Kennzahlen (Maßeinheiten %, Anzahl, Euro etc.) können ggf. diesen Humankapitalen zugeordnet werden? Die Qualität des Humankapitals ist für den Standort ein wichtiger Wachstumsfaktor, weil er sowohl Innovation als auch Qualität ermöglicht. Das Humankapital (HK) umfasst alle Eigenschaften und Fähigkeiten von Personen, z.B.: Arbeitsqualifikation, soziale Kompetenz, Arbeitsmotivation, Führungskompetenz. D.h. spezifische Fähigkeiten, Kompetenzen, Kapazitäten eines Standortes sind auch in Köpfen gespeichert. Je wissensintensiver die Leistungen heute werden, umso größer ist die Bedeutung dieses in Köpfen gespeicherten Wissens. Menschliche Arbeit wird zunehmend als Quelle für wirtschaftliche Wertschöpfung erkannt, sie ist jedoch nicht von den Personen, die sie leisten, zu trennen. Menschen sind keine passiven Gestaltungsobjekte, sondern Träger von Zielen, Bedürfnissen, Wertvorstellungen und der Möglichkeit des (re-)aktiven Handelns. D.h. Verlust von Wissensarbeitern bedeutet somit immer auch Standorteinbußen. Menschen und Informationen/Wissen sind ein wertvolles Kapital. Rohmaterialien, Produktions-, Geschäfts- und Vermarktungsprozesse sind ggf. auch für alternative Standorte verfügbar. Was im Gegensatz hierzu nicht schnell verfügbar gemacht werden kann, sind Wissen, Fähigkeiten, Qualifikationen, Erfahrungen, Motivation u.a. von Personen.

Faktorenbündel vier Standort-Strukturkapital (SK): Strukturkapital ist das, was dem Standort auf Dauer gehört und unabhängig vom Humankapital (Personen) weitgehend erhalten bleibt. Fragen: Welches sind die wichtigsten Strukturkapitalien des Standortes?, z.B. Wege- und Leitungsnetz (Dichte, Zustand etc.), Gewerbeflächen (Lage, Flexibilität, Preise), Versorgungseinrichtungen (Schulen, Kindergärten, Gesundheitseinrichtungen, Sport-/Freizeiteinrichtungen, Gastronomie/Hotels/ Übernachtungsmöglichkeiten, Naherholungsgebiete, Einkaufsmöglichkeiten, Industriehof). Wie können die definierten Strukturkapitale a) quantitativ und b) qualitativ bewertet werden? Welche Indikatoren, Kennzahlen (Maßeinheiten: %, Anzahl, Euro etc.) können ggf. den Strukturkapitalen zugeordnet werden? *Faktorenbündel fünf Standort-Beziehungskapital (BK)*.Fragen: Welches ist das wichtigste Standort-Beziehungskapital? z.B. Verkehrsverbindungen Straße, Schiene, Luft (Autobahnanschlüsse, S-Bahn-Verbindungen, Bahnverbindungen, Flugverbindungen), Informationsgewinnung, Wissenstransfer (Kontakte zu Forschungseinrichtungen, Medien, Öffentlichkeitsarbeit, Standortinformationen, Informationslieferanten etc.), Finanzverbindungen (Steuerzahler, Investoren, Kapitalgeber).

IKT-Wirtschaft – ein lohnender Zielcluster - eine Zusammenführung einzelner Glieder der Wertschöpfungskette lässt sich im Vergleich zu anderen Branchen relativ leicht bewerkstelligen

Die IKT-Wirtschaft zählt zu denjenigen Branchen, die ihr Wachstum von der Verarbeitung immer größerer Informationsmengen ableiten. Ein Wachstumsende ist nicht abzusehen. Was also liegt näher, die Argumentationskette damit zu schließen, dass in der weiteren Verfeinerung des Konzeptes zur Stärkung wissensintensiver Dienstleistungen das Clusterziel IKT-Wirtschaft eine überlegenswerte Strategieoption ist und somit für den Standort detaillierter auszuleuchten wäre. Welche Argumente qualifizieren die IKT-Wirtschaft als strategisches Clusterziel? Eine Zusammenführung einzelner Glieder der Wertschöpfungskette lässt sich im Vergleich zu anderen Clusterzielen relativ leicht bewerkstelligen, da hoch qualifizierte IKT-Mitarbeiter sehr mobil und meist örtlich ungebunden sind. Die vorhandenen Büroimmobilien und Liegenschaften können meistens ohne große Investitionen auf die Bedürfnisse der IKT-Wirtschaft angepasst und umgestellt werden. Es sind keine langen Vorlaufzeiten notwendig, d.h. man kommt schnell zu sichtbaren Erfolgen. Kleine Unternehmenseinheiten ermöglichen eine größtmögliche Flexibilität. Man gewinnt quasi einen der wichtigsten Repräsentanten für eine wissensbasierte Ökonomie. Die IKT-Wirtschaft gehört zu den dynamischen und wachstumsstarken Wirtschaftszweigen, d.h. hat positive Auswirkungen auf die Kaufkraft vor Ort und eröffnet zusätzliche Möglichkeiten für eine Reihe von Komplementärnutzungen. Das

Alter von IKT-Beschäftigten liegt unter dem Durchschnitt und hat damit günstige Auswirkungen auf die Altersstruktur vor Ort. Die IKT-Wirtschaft ist global vernetzt, von diesen Kontakten kann auch der Standort profitieren. Die IKT-Wirtschaft hat eine Querschnittfunktion für alle Branchen und Betriebsgrößen, d.h. an dem Kern-Cluster IKT-Wirtschaft könnten weitere Cluster angedockt werden. Die IKT-Wirtschaft ist ein Innovationsmotor, der auch für den Rest des Standortes Impulse ausstrahlen kann. Die IKT-Wirtschaft ist energieeffizient und umweltfreundlich. Die IKT-Wirtschaft eröffnet zahlreiche Beschäftigungsmöglichkeiten für Selbständige und bietet für weibliche Fachkräfte zahlreiche Stellenangebote. Die IKT-Wirtschaft kann negative Beschäftigungssituationen anderer Branchen abfedern und als Job-Motor fungieren (hohes Qualifikationsniveau der Mitarbeiter, in Relation zu anderen Wirtschaftszweigen geringer Flächenbedarf). Die IKT-Wirtschaft ist ein guter Gewerbesteuerzahler (überdurchschnittlich hohe Schulungs- und Weiterbildungskapazitäten, Ausrichter von lokalen Messen und Ausstellungen, intensive Seminar- und Tagungsaktivitäten, intensive Kontakte zu Unternehmen außerhalb des Standortes und als Folge große Anzahl von Geschäftsbesuchern). Vorhandener Büroraum kann vielseitig genutzt und flexibel angepasst werden, es werden wenig Sondereinrichtungen (z.B. Lagerhallen, Laderampen u.ä.) benötigt, es gibt keine Lärmbelästigung von Anwohnern. Die IKT-Wirtschaft verfügt über viel Management-Kompetenz und Projektmanagement-Knowhow. Es werden gruppenbezogene Arbeitsmodelle mit Teamarbeit praktiziert, die Mitarbeiter haben eine überdurchschnittliche Risikotoleranz und Entscheidungsfreude, Selbstorganisation und eigenständiges Arbeiten des Personalbestandes ist üblich. Für die Gewinnung potentieller Ansiedler sind auf Seite des Standortes keine aufwendigen Abstimmungsprozesse notwendig. Bei geschickter, kompetenter Anwendung greifen viele der möglichen Abwerbungsinstrumente, für die Ansiedlung von IKT-Wirtschaftlern sind keine schwierigen behördlichen Auflagen zu erwarten. Für Ansiedlungsmaßnahmen von IKT-Wirtschaftlern sind keine komplizierten Genehmigungsverfahren zu handhaben, nach einer Anlaufzeit können Ansiedlungen zum Selbstläufer werden (neu gewonnene Ansiedler wirken als Multiplikatoren). Anderweitig bereits ausgeschöpfte Standortvorteile (Landschaft, Ruhe, störungsfreies Arbeiten u.a.) können zusätzlich vermarktet werden. Die IKT-Wirtschaft ist Vorreiter für neue Technologien und Trendsetter für fortschrittliche Arbeits- und Produktionsverfahren, Informationsaustausch-Beschleuniger/-Initiator zwischen Branchen, Unter-nehmenstypen u.a. Die IKT-Wirtschaft hat eine stark positive Lizenzbilanz, Softwareprodukte können mit geringem Aufwand unbeschränkt vervielfältigt werden. Viel Individualentwicklung und Einzelfertigung wirken als Quelle für immer neue Innovationen. Es gibt komfortable Eintrittsbarrieren gegenüber potentiellen Konkurrenten, die kritische Masse für Produktentwicklungen, Existenzgründungen etc. ist im Vergleich mit anderen Branchen gering, Projektarbeit fördert Kompetenznetzwerke. Es gibt eine große Unabhängigkeit von Material-, Energie-, Rohstoffkosten sowie einen schnellen Knowhow-Transfer von technischen Neuerungen. Die IKT-Wirtschaft ermöglicht eine Verarbeitung von Daten und Informationen zu Wissen, d.h. zu dem einzigen

Rohstoff, der sich durch Gebrauch noch vermehren lässt (Aufbau von Vertriebskapazitäten, Gespür für Marktentwicklungen und – trends, ausgeprägtes Marketingknowhow, Einsatz ausgefeilter Prognose- und Analysewerkzeuge)

Bausteine für die Clusterbildung - ein intensiver Austausch von Wissen trägt zur Bildung eines innovativen Milieus bei

Auf dem Fundament eines solchen Strategie-Bausteines (IKT-Cluster) aufbauend gelangt man fast zwangsläufig zu den diversen Cluster-Strategien, deren man sich für die strategische Wirtschaftsförderung eines Standortes bedienen kann. Wissensintensive Dienstleistungen stellen sich als eine höchst komplexe und weit verzweigte Wertschöpfungskette dar. Gerade an kleineren, mittleren Standorten dürfte es kaum machbar sein, diese lückenlos aufzubauen ohne dass an der einen oder anderen Stelle dabei Lücken klaffen. Auf Basis einer detaillierten Betrachtung der vorhandenen Potenziale geht der Ansatz der Clusterbildung davon aus, bereits vorhandene Bausteine zu einem thematisch möglichst Ganzen weiter zu entwickeln. So ist es kaum möglich, die Grundausrichtung eines Standortes (z.B. Touristik, unberührte Natur, Schwerindustrie, Dienstleistung, niedrige Bevölkerungsdichte) von heute auf morgen umzukrempeln. Vielmehr kommt es darauf an, für die individuell vorhandenen Standortbedingungen die geeignete Nutzungen zu finden und diese auch umzusetzen. Mit der Gleichzeitigkeit ungleicher Entwicklungen als Folge des wirtschaftlich-strukturellen Wandels steigt auch an vielen Orten die Notwendigkeit von Anpassungen durch einen Standortumbau. Dabei hängt die Standortqualität stark von den erschlossenen Potentialen ab. Um seine Handlungsfähigkeit zu erhalten wäre ein Standort gut beraten, wenn er über seine administrativen Grenzen hinweg Schwerpunkte setzt, knappe Ressourcen bündelt, d.h. seine „Stärken stärkt". Grundsätzlich besehen bietet sich eine unternehmensübergreifende Zusammenarbeit immer dort an, wo singuläre, individuelle Lösungsansätze möglicherweise zu Nachteilen im Wettbewerb führen können (z.B.: Cluster-Bildung an Logistik-Knotenpunkten, da von diesen alle Nutzer profitieren und trotz aller Konkurrenz am Ausbau dieser Stärken interessiert sind. Oder: mehrere Unternehmen finden sich zu einem Cluster zusammen, wo aufwendige Ver-/ Entsorgungseinrichtungen benötigt werden). Eine Cluster-Bildung erfolgt immer auf der Grundlage wirtschaftlicher Erwägungen: entsprechende Cluster können dazu beitragen, dass Innovationen schneller als bisher zur Marktreife gelangen.

Ein intensiver Austausch von Wissen trägt zur Bildung eines innovativen Milieus bei: dieses wiederum begünstigt einen höheren Anteil junger Industrien, die meist innovativer agieren als reife Industrien. Insgesamt könnte dies einen positiven Ausschlag für die positive Entwicklung des Standortes geben. Durch Übertragungseffekte können auch andere Branchen von gewonnenem Wissen (dabei fließt generiertes Wissen in Innovationen anderer Unternehmen ein) profitieren. Hinsichtlich der Struktur der Betriebsgrößen ist weiter davon auszugehen, dass innovative kleine und mittlere Firmen beweglicher sind und somit für die Innovationsmaßnahmen des Standortes Vorteile bringen. Dabei sind andere Kommunikationswege selten so effizient wie direkte face-to-face-Kontakte. Kaum ein Standort kann alles für alle bieten. Bestimmte Branchen benötigen bestimmte Rahmenbedingungen, die durch eine Spezialisierung des Standortes erfüllt werden könnten. D.h. Cluster-Standorte konkurrieren dann auch nur bedingt, vielmehr können sich einzelne Standorte mit ihrer jeweiligen Ausprägung sogar ergänzen. Synergieunternehmen sind für den Standort von großer Bedeutung: insbesondere können dadurch Transportkosten von Zulieferprodukten reduziert werden. Die unmittelbare Nähe zu Anwendern wäre günstig, damit man direkt vor Ort am Produkt auf neue Kundenwünsche reagieren kann. Für die Wertschöpfungsketten mancher Produkte ermöglicht erst die räumliche Nähe, dass diese bestmöglich optimiert werden können. D.h. wenn mehrere Unternehmen an der Herstellung eines Produktes beteiligt sind und im Wege einer interdisziplinären Zusammenarbeit verschiedene Verfahren und Technologien zusammen gebracht werden, stärkt eine perfekte Abstimmung in räumlicher Nähe auch die Konkurrenzfähigkeit des Standortes. Ganz allgemein sind Wirtschaftscluster Netzwerke von Produzenten, Zulieferern, Ausbildungs- und Forschungsstätten, Dienstleistern und sonstwie verbundenen Institutionen. Dies alles in regionaler Nähe zueinander. Die Austauschbeziehungen entlang der Wertschöpfungskette werden intensiviert. Je vollständiger und lückenloser die Wertschöpfungskette aufgebaut werden kann desto erfolgreicher ist wahrscheinlich diese Clusterstrategie.

Welle der Robotisierung - eine große Umwälzung des Arbeitsmarktes ist im Gange

Bei der Digitalisierung vieler (fast aller) Wirtschaftsvorgänge geht es darum, überall dort, wo nur ein kleiner Teil der Gesamtleistung des Gehirns gebraucht wird, den Menschen überflüssig zu machen. Denn „Tätigkeiten, bei denen der Mensch vor dem Bildschirm durch eine Software im Computer ersetzt wird, gibt es überraschend viele ganze Management-, Logistik- und Controlling-Ebenen, die primär Daten erfassen, zusammenfassen, analysieren und weiterleiten werden durch die Digitalisierung obsolet. Vor allem im Bereich Büro und Verwaltung könnte noch viel an menschlicher Arbeit entfallen. „Für Produkte, die in einem modernen Online-Shop verkauft werden, braucht es keine Menschen mehr, die Lagerbestände erfassen, Verkaufsstatistiken erstellen, Prognosen errechnen, Nachbestellungen auslösen oder die Lagerhaltung optimieren". Das alles kann eine geeignete Software genauso gut (besser) erledigen. Eine große Umwälzung des Arbeitsmarktes ist im Gange. Der optimale Arbeitnehmer der Zukunft wird so kurz wie möglich beschäftigt, die Weiterbildung ihm selbst überlassen, ökonomischen Risiken werden auf ihn abgewälzt. Besonders betroffen davon: die jüngere Generation mit einem Gemisch aus Teilzeit-Jobs, befristeten Projektverträgen und Pseudoselbständigkeiten. Produktionsmittel Kapital: wer in moderne Maschinen und Software investieren kann, kann auch den Mehrwert aus deren Produktivität einstreichen. Die Geschwindigkeit technologischer Veränderungen ist rasant, ein zukünftiges Wartungstechniker-Proletariat wird für den reibungslosen Betrieb des intelligenten Maschinenparks sorgen müssen. Viele Menschen könnten für ihre Fähigkeiten, Erfahrungen und Talente vielleicht keine Abnehmer mehr finden.

Vom Data Mining zum Reality Mining: ei werbefinanzierten Geschäftsmodellen im Internet geht es um verdeckte Erhebung von Daten, die als Währung genutzt werden (Shoshana Zuboff, Prof. Harvard Business School). Die Instrumente des Data Mining haben sich geradezu explosionsartig vermehrt: massenhaft anfallende Daten werden mit Geschwindigkeiten durchsucht und analysiert, an die vor nicht allzu langer Zeit fast niemand zu denken wagte. Nutzer haben die Kontrolle darüber verloren, selbst zu entscheiden, was sie geheim halten wollen: dafür haben sich andere solche Rechte der Privatsphäre angeeignet, ohne zu fragen oder gar zu zahlen. Neue Geschäftsmodelle umfassen nicht nur digitale, sondern auch reale Menschen, verändern Lebensweisen und entziehen sich gewohnten geistigen Modellen und rationalen Erwartungen. Vom Data Mining vollzieht sich in Form von Reality Mining ein lautloser Übergang zur Analyse ganzer Lebensmuster realer Menschen. Die solche neuen Realitäten schaffen, Macht ausüben und damit ihr Geld verdienen, können sie selbst in kleinsten Stücken vermarkten und die eigentlichen Eigentümer der Datenrechte nicht nur enteignen, sondern sie auch kontrollieren oder gar manipulieren.

Wissen, was Daten tun: die Mehrzahl der Menschen ist auch nach den Enthüllungen des Herrn Snowden fest der Meinung, dies alles betreffe sie persönlich nicht im Geringsten. Jedoch sind mit der Kommerzialisierung des Internet neue Machtzentren entstanden, die Einfluss auf jedermann, ob nun bewusst oder unbewusst, haben. Mit der digitalen Revolution des Netzes stehen alle an einem Wendepunkt technologisch-gesellschaftlichen Wandels: es geht um den Eintritt in die Risikozone digitaler Technologien. Die Hürden der klassischen Programmierung von Computern sind hoch und nach wie vor wohl eher IT-Spezialisten vorbehalten. Trotzdem ist Programmieren eigentlich nicht mehr als das Lösen von Aufgaben und die hierbei vorgenommene Übersetzung eigener Gedanken. IT- und Programmierwissen eröffnet Möglichkeiten darüber nachzudenken, welche Dienste man wie nutzen könnte oder sollte schützt davor, zu sorglos mit IT-Geräten, Apps und Daten umzugehen.- Und: stärkt das Bewusstsein, wo welche Daten wie anfallen und gespeichert werden könnten. Um im Leben eigenständig entscheiden zu können, muss man wissen, welche Daten es über einen gibt und was diese Daten wirklich tun und bewirken können. Grundkenntnisse der Programmierung, auf welche Weise auch immer zu erlangen, machen Informationstechnologien und deren Arbeitsweise eher verstehbar.

Kombination und Bündelung von Indikatoren – Stärke und Dauer von Rückkoppelungseffekten der IKT als Nervensystem der Wirtschaft

Standorte generieren einen stetigen Fluss aus Informationen. Die Frage die sich stellt: was ist zu tun, um nicht in ihm zu ertrinken. Mit Hilfe der Indikatoren können Informationen aus vielen Quellen kombiniert werden. Die Informationsflut aber lässt sich erst dann beherrschen, wenn Standortverantwortliche selbst darüber entscheiden können, welche Quellen sie eigentlich kombinieren und bündeln möchten, und zu dieser Mischung die wichtigste Quelle überhaupt hinzufügen können: ihre eigenen Informationen. Im Rahmen des umfassenden Konzeptes einer Standortbilanz können die Wirkungsbeziehungen zwischen den Standortfaktoren anhand u.a. folgender Einzelschritte analysiert werden: Standortanalyse aus dem Indikatoren-Cockpit, Standortanalysen brauchen Indikatoren, Dynamik-, Bestands-, Niveau-Ranking der Standorte, Risiko, Gewichtung und GAP im Standortvergleich, Indikatoren sind mehr als nur Zahlen, QQS-Bewertungsschema. Ampelprinzip Wirtschaft, Beruf, Arbeit. Ampelprinzip Kultur, Tourismus, Freizeit. Ampelprinzip Bildung, Wissenschaft, Innovation. Ampelprinzip Verkehr, Bauen, Wohnen. Ampelprinzip Familie, Gesundheit, Soziales. Profildiagramm nach Quantität. Profildiagramm nach Qualität. Profildiagramm nach Systematik. Wirkungsbeziehungen Standortrisiken und -dynamik. Wirkungsbeziehungen Arbeitsmarkt. Wirkungsbeziehungen Steuerlast, Finanzlage. Wirkungsbeziehungen Kulturinfrastruktur. Wirkungsbeziehungen Fremdenverkehr.

Wirkungsbeziehungen Lebensqualität + Image. Wirkungsbeziehungen Bildungsinfrastruktur. Wirkungsbeziehungen Gründer- und Patentintensität. Wirkungsbeziehungen wissensintensive Dienstleistungen. Wirkungsbeziehungen Erreichbarkeit. Wirkungsbeziehungen Wohnungs- und Häusermarkt. Wirkungsbeziehungen Gewerbeimmobilien. Wirkungsbeziehungen Bevölkerungsstruktur/Demographie. Wirkungsbeziehungen Medizin. Versorgung, Pflege, Kita. Wirkungsbeziehungen Kaufkraft/BIP pro Einwohner. Stärke und Dauer der Wirkungsbeziehungen. Vermessung der Standorte.

Selektion, Gewichtung und Bündelung von Indikatoren im Rahmen einer umfassenden Standortbilanz: Indikatoren können und sollen dazu beitragen, den Fluss aus allen für einen Standort wichtigen Informationen schnell und sauber zu gestalten. Informationen sammeln sich fast überall, das Internet steigert das Informationsangebot gewissermaßen ins Unendliche. Die dadurch bedingte Informationsverschmutzung gleicht der Lichtverschmutzung in Großstädten, die es unmöglich macht, die Sterne zu sehen. Ohne geeignete Instrumente wird eine solche Flut von Informationen aus der Gegenwart, aus dem was gerade ist oder zu sein scheint, sowohl Sachverhalte der Vergangenheit als auch der Zukunft ausblenden. Es ist daher unabdingbar, dass jemand die Funktionen der Selektion, Datenaggregation und -integration sowie der Gewichtung und Interpretation wahrnimmt.

Wirkungsstärke und Wirkungsdauer: bei Wirkungsnetzen geht es zunächst einmal um den Standort als Gesamteinheit. Einzelbereiche und -funktionen werden also nicht isoliert für sich, sondern nur aus ihrem Gesamtzusammenhang heraus betrachtet. Da keiner der Prozess-, Erfolgs-, Human-, Struktur- und Beziehungsfaktoren für sich eine Insel ist, stehen im Rahmen von Hebeleffekten die zwischen ihnen bestehenden Schnittstellen im Blickpunkt. Zwischen Standortfaktoren gibt es eine Vielzahl von sich teilweise überlagernden dynamischen Wirkungsbeziehungen. Auf dieser Ebene kann man eines erreichen: nämlich Anregungen für notwendige Denk- und Entscheidungsprozesse. Solche übersichtlichen Wirkungsnetze erleichtern den Einstieg in Diskussionen und Abstimmungen und können somit als allgemein verstehbare Kommunikationsplattform für Beteiligte mit oft unterschiedlichen Interessenlagen und Informationsständen eingesetzt werden. Die Wirkungsdauer zwischen Standortfaktoren wird analog unter die Lupe genommen.

Heutzutage kommt kein Wirtschaftsbereich mehr ohne adäquate und zukunftsfähige IKT (Informations- und Kommunikationstechnologie) aus. Darüber hinaus geht es um einen leistungsstarken Beschäftigungs- und Wachstumsmotor: die IKT hat in der Wirtschaft starke Veränderungen der Organisationsstrukturen sowohl ursächlich bewirkt als auch unterstützend verstärkt. Die Veränderungen erstrecken sich von E-Factory bis hin zu Mobile- und Home-Office. Beispielsweise hinterlässt die IKT Spuren in Form von: Dezentralisation statt Hierarchie, das Wann und Wo des eigentlichen Produktionsprozesses wird mehr und mehr zur Nebensache, Produktionsprozesse werden flexibilisiert und virtualisiert, IKT-gestützte Arbeitsweisen bewirken einen Wandel von weniger Anwesenheits- zu mehr Ergebnisorientierung, Faktoren von Zeit und Raum lösen sich zunehmend von der Organisationsstruktur ab, die Mobilität entwickelt sich zu einem wesentlichen Wirtschafts- und damit auch Standortfaktor, die IKT begünstigt eine Öffnung der Innovationsprozesse von Unternehmen, die IKT verstärkt die aktive strategische Nutzung der Außenwelt und damit die Vergrößerung des eigenen Potenzials, die Leistungserstellung gewinnt durch IKT-Optimierung der Prozesse an Flexibilität und Effizienz.

Standortbilanz-Erfolgshebel mit Prioritäten, Gewichtungen und Relationen zu verständlichen Sachverhalten, Wahrscheinlichkeiten ihres Eintretens

Alles in allem kommt es darauf an, dass sowohl externe (Investoren, ansiedlungsinteressierte Firmen, Existenzgründer u.a.) als auch interne (Wirtschaftsförderung, politische Entscheidungsträger u.a.) Personengruppen eine elementare Vorstellung von der Größenordnung, Erfolgsrelevanz, Entwicklungsfähigkeit, Priorität, Wirkungsstärke/Wirkungsdauer von Standortfaktoren bekommen. Die Standortökonomie weicher Faktoren kann dabei helfen, zunächst allgemein und nebulös erscheinende Aussagen/Angaben zu einem Standort konkret zu hinterfragen und in vertrautere Proportionen (Relationen zu verständlichen Sachverhalten, Wahrscheinlichkeiten ihres Eintretens) zu übersetzen. Nachweisbar sind mathematische/statistische Grundkenntnisse weder in der Bevölkerung noch in Fachkreisen ausgeprägt vorhanden. Mit Hilfe einer entsprechend zu entwickelnden Standortbilanz können sowohl benebelnde Statistiken als auch die Vielzahl sogenannter qualitativer Standortfaktoren wo möglich in natürliche Häufigkeiten und Größen übersetzt werden. Es ist schon nicht leicht, über einen Standort vernünftige Daten zu sammeln. Noch schwerer aber ist es, diese Daten den o.a. Personengruppen in einem versteh- und nachvollziehbaren Sichtwinkel zu präsentieren.

Visualisierung und Interpretation – detailliertes Zahlenwerk für Investoren: Daten und Informationen zu einem Standort haben mehr Transparenz und den Respekt verdient, zu dem ihnen erst mit Hilfe eines ausgebauten Instrumentariums verholfen wird. So mühsam der Entwicklungsprozess einer umfassenden Standortbilanz auch sein mag: der Aufwand lohnt sich schon allein deshalb, weil alle Beteiligten neue Erkenntnisse über Zusammenhänge gewinnen und das Verständnis für Probleme wächst. Vor allem Visualisierungen mit entsprechenden Interpretationstexten könnten geeignet sein, um die Bewertungen zusammen zu fassen und nur die wesentlichen Punkte hervorzuheben. Die Glaubwürdigkeit lässt sich weiter steigern, indem auch Defizite offen gelegt werden. Jedoch sollte man sich auf Schwächen konzentrieren, an denen man auch tatsächlich arbeitet und in den Folgeperioden mit großer Wahrscheinlichkeit Erfolge melden kann. Sollen gezielt Investoren angesprochen werden, kann eine Auswahl der Indikatoren helfen, ein glaubwürdiges Zahlenwerk vorzulegen. Intern sollte auf Nachvollziehbarkeit geachtet werden und dann der Schwerpunkt auf diejenigen Indikatoren gelegt werden, die man entwickeln will.

Dynamik immaterieller Ressourcen systematisch erfassen: über die Standortökonomie weicher Faktoren können auch dynamische Wirkungszusammenhänge erfasst werden: dabei geht es um die dynamischen Zusammenhänge der immateriellen Ressourcen. Mit einer Wirkungsanalyse können Wirkungszusammenhänge innerhalb der Standortfaktoren erkannt werden: es können Aussagen zur Steuerbarkeit einzelner Faktoren und zu zeitlichen Verzögerungen bei den Wirkungszusammenhängen getroffen werden. Es werden die Wechselwirkungen der Einflussfaktoren analysiert, d.h.: es wird der Wirkungszusammenhang zwischen zwei unterschiedlichen Einflussfaktoren betrachtet, also der Einfluss eines Faktors auf einen anderen (paarweise). Statt positiver können zusätzlich auch negative Wirkungen untersucht werden, d.h. Verschlechterungen innerhalb des Standortkapitals: was kann unter den gegebenen Umständen mit dem jeweiligen Einflussfaktor im negativen Fall passieren? Nicht zuletzt steigert das Medium Standortbilanz die Servicequalität der Kommune und stellt für sie einen weiteren Kommunikationskanal dar, um die Ressourcen und qualitativen Vorteile des Standortes nach außen zu tragen. Das Konzept einer Standortbilanz verbindet Selbst- mit Fremdeinschätzung und bietet somit zweierlei Mehrwert: einerseits wird damit die Selbstwahrnehmung des Standortes analysiert, andererseits wird die Wahrnehmung aus Sicht von Investoren hinterfragt.

Darüber hinaus hat die Standortökonomie die Aufgabe, komplexe und unübersichtliche Zusammenhänge so aufzubereiten, dass sie für den Entscheidungsprozess (die Entscheidungssituation vor Ort ist auch durch soziale und kommunikative Prozesse geprägt, vieles läuft auf der sozialen und emotionalen Ebene ab) eingesetzt werden können. Die Verfahren verschaffen nicht nur der Kommune selbst, sondern insbesondere auch ortsansässigen und ansiedlungsinteressierten Firmen einen konkreten Vorteil in Form qualifizierter, nachvollziehbarer Standortinformationen. Darüber hinaus können sie sich durchaus positiv auf Standortentscheidungen auswirken, die häufig auf der Grundlage von solchen strategischen Informationen getroffen werden. Die detaillierte Bilanzierung gibt eine Antwort darauf, wofür der Standort steht, wie er sich selbst wahrnimmt und wie er von ansässigen und ansiedlungsinteressierten Unternehmen wahrgenommen wird. Die Standortökonomie setzt einen Prozess des Umdenkens in Gang: es werden Kräfte gebündelt, Kernkompetenzen definiert und vernetzt. Ebenso können die Verfahren als Frühwarnsystem wirken, also dazu beitragen, dass Probleme, Konflikte und Handlungsbedarfe frühzeitig geortet werden. Über die Beratung der planenden Verwaltung hinaus kann mit Hilfe der Standortökonomie bei Schlüsselakteuren ein gemeinsames fachliches Verständnis hergestellt und gegenüber den Bürgern eine allgemeine Aufklärungsfunktion wahrgenommen werden.

Big Data und transparente Heuhaufen – Regime Big Data unantastbar?
Big Data ist nicht Big Wissen

Ob nun Geschäftsdaten, Kundendaten, Inhalte aus dem Web, Kommunikation zwischen Maschinen oder soziale Netzwerke, über allem steht stets die richtige Frage: d.h. wer in großen Datenbergen gute Antworten finden will, braucht gute Fragen. Man kann heute zwar über bessere Software und Methoden verfügen, die Daten zu analysieren: doch auch gesteigerte Rechenleistungen entbinden nicht vom effektiven Informationsmanagement und der Kernfrage: was soll mit welchen klar umrissenen Zielen analysiert werden? Einerseits sitzt man mit jenen angesammelten Datenbergen auf einem Wissensschatz, hat aber andererseits manchmal eher nur unklare Vorstellungen darüber, wie dieses schwer durchschaubare Geflecht eigentlich zu heben und auszuschöpfen wäre. So ist es ohne Zweifel ein Wettbewerbsvorteil, wenn sich Kunden besser einschätzen und ansprechen ließen: ein grundsätzlicher Weg dorthin ist immer eine sinnvolle Segmentierung, wobei die Betonung auf „sinnvoll" liegt. Eines der großen Potentiale von Big Data: Suchanfragen gehen unglaublich schnell, d.h. kurze Antwortzeiten in Echtzeit ermöglichen einen neuen Umgang mit Daten, wenn also aus den Kundendaten nicht nur Name, Wohnort, Geschlecht und Alter ersichtlich sind, sondern dazu auch herausgefiltert werden kann, beispielsweise über welche Internetanwendung sich der Kunde registriert, welche Produkte er bisher bestellt hat, auf welche Newsletter er reagiert, welche Links er wann angeklickt hat u.a., können darüber aussagekräftige Profile erstellt und neue Vertriebspotenziale ausgeschöpft werden. Die Beziehung zu Bestandskunden kann profitabler gestaltet werden.

Repräsentative Stichprobe und Abbild der Grundgesamtheit - Durchforstung nach Mustern: Stichprobenverfahren liefern ein umfangreiches Instrumentarium, um aus einer zwar begrenzten Datenmenge trotzdem stichhaltige Ergebnisse für eine Gesamtheit herzuleiten. Die wichtigsten Fragen hierbei sind: welche Merkmalsträger will man beobachten und messen? Wie viele Merkmalsträger will oder kann man beobachten, d.h. wie groß soll die Stichprobe sein? Wie groß ist der Informationsverlust im Vergleich zur Vollerhebung aller Merkmalsträger? Wenn es hiermit gelingt, ein verkleinertes Abbild der Grundgesamtheit zu erzeugen, bezeichnet man die hierzu verwendete Stichprobe als repräsentativ. D.h. bezüglich der interessieren Merkmale wären dann die Ergebnisse einer solchen repräsentativen Stichprobe auf die Grundgesamtheit übertragbar. Mit Big Data haben diese Fragen eines gemein: es geht um so etwas wie die Berechenbarkeit der Welt. Big Data hat mit sich vervielfachenden Datenmengen und Kapazitäten mittlerweile das Heft in die Hand genommen. Unter dem neuen Regime von Big Data muss man sich nicht mehr mit Stichproben begnügen, denn man hat ja bereits alle Daten des Gesamtkollektivs erfasst. Komplizierte theoretische Modelle werden durch direkt aus der Grundgesamtheit herausgefilterte Muster abgelöst: eine maschinell bearbeitete Empirie der Daten ersetzt die theoretische Erklärung. Soziale Prozesse werden anhand von Korrelationen berechnet, Datenmuster anhand von Algorithmen generiert. Trotzdem oder gerade deshalb bleibt nach wie vor die Frage nach der Tragfähigkeit von solchen Konzepten der Berechenbarkeit, d.h. ob sich die Komplexität unserer Welt tatsächlich nur mit maschineller Rechenleistung bändigen lässt.

Korrelieren und Clustern und Reduktion der Komplexität: Big Data bedeutet nicht automatisch einen Zuwachs von Wissen und Erkenntnis. Viele verbinden mit Big Data, dass nunmehr Computer allein auf sich gestellt alles prognostizieren könnten. Computer selbst verstehen aber wenig oder nichts von der zu analysierenden Sache. Dieser Tatbestand wird auch nicht dadurch geheilt, dass Computer so lange zum Korrelieren und Clustern gezwungen werden, bis dabei etwas statistisch Signifikantes herumkommt. Unternehmen sitzen, auch ohne dem Google-Geschäftsmodell anheimgefallen zu sein, trotzdem auf ganzen Bergen von Daten. Solche Ansammlungen sind aber noch keine Gewähr dafür, genau zu wissen, was man weiß: das Konzept der Wissensbilanz lässt grüßen. Mit Hilfe von ungeheuren Rechenleistungen lassen sich zwar beliebig Korrelationen finden: Computer alleine können aber oft die zugrunde liegende Datenqualität nicht erkennen. Der alte Spruch aus dem Beginn des Computerzeitalters vom „Garbage in – garbage out" hat nach wie vor seine Gültigkeit: sinnfrei gesammelte Daten sind meistens unsauber oder inkonsistent und können im unbehandelten Zustand leicht zu falschen und/oder irreführenden Ergebnissen führen. Ergänzend ist die Frage zu stellen, ob einfachere Methoden (vieles basiert auf der relativ simplen Methode der Durchschnitt-

Rechnung) nicht auch kompliziertere Methoden schlagen können: einfache Methoden haben in jedem Fall den Vorteil, gegen strukturelle Veränderungen robuster zu sein. Vielleicht ist es trotz allem Big Data noch nicht altmodisch, gründlich nachzudenken, auf Sachkunde und Erfahrung zu setzen, Fragen zu stellen, Überlegungen anzustellen und zu strukturieren, um aus der schieren Datenflut wirklich benötigtes Wissen herauszufiltern.

IKT revolutioniert Produkt-, Dienstleistungs- und Prozesswelt – Treiber des Strukturwandels mit Querschnittfunktionalität

Die IKT-Branche ist stark mit anderen Branchen wie beispielsweise dem Auto- und Maschinenbau, der Energieerzeugung und -verteilung oder dem Gesundheitswesen (E-Health, mobile Health) eng verknüpft. Zwischen den verschiedenen Wirtschaftssektoren wirken starke Ausstrahlungseffekte. Sichtbare Formen dieser hohen Querschnittfunktionalität sind „Embedded Systems" als Innovations- und Wachstumstreiber. Eingebettete Systeme spielen eine zunehmend wichtigere Rolle auch für das tägliche Leben. So sind diese Software- und Hardware-Helfer im häuslichen Umfeld u.a. im Mobiltelefon, Fernseher, Auto und in vielen anderen Haushaltsgeräten integriert. Eingebettete Systeme: revolutionieren die Produkt-, Dienstleistungs- und Prozesswelt, werden auch für andere Wirtschaftszweige zum Innovationstreiber, helfen Standorten bei der Bewältigung langfristiger Probleme (z.B. Alterung der Gesellschaft, Globalisierung), sind Auslöser für einen Strukturwandel sowohl in der IKT-Branche selbst als auch in der verarbeitenden Industrie. Autonome intelligente eingebettete Systeme haben die Produktlandschaft nachhaltig verändert: in jedem Mobiltelefon, Fernseher, Auto, Haushaltsgerät u.a. sind eingebettete Systeme integriert. Eingebettete Systeme sind eine Schlüsseltechnologie für Innovationen und sind aus High-Tech-Produkten wie Industrieanlagen und -robotern, medizinischen Geräten u.a. nicht mehr wegzudenken.

Intelligente eingebettete Systeme bergen Potentiale, um Umwelt- und Energieeffizienzanforderungen bewältigen zu können. Aufgrund ihrer hohen Querschnittsfunktionalität sind sie als Innovationstreiber ein wichtiges Wachstumsfeld. In einem „Internet der Energie" werden Erzeuger, Netzbetreiber, Händler, Dienstleister, Industrieverbraucher und Privathaushalte durch die IKT vereint: neue Energiemanagementsysteme, intelligente Verbrauchsmessungs- und Steuerungssysteme, Energiemarktplätze, Anwendungssoftware zur Planung und Koordinierung betroffener Prozesse, bidirektionaler Datenaustausch zwischen Netzsteuerung, Netzmanagement und Erzeuger-, Speicher- und Verbrauchereinheiten. Automatisierte, verbrauchsoptimierte Heizungs- und Beleuchtungssteuerung zur Steuerung von Kühlschränken, Waschmaschinen, Klimaanalgen u.a.

Die IKT ist nicht nur für die eigene Branche, sondern auch für viele andere Sektoren ein Innovationstreiber. Damit berührt sie zahlreiche nicht nur wirtschaftliche sondern auch gesellschaftliche Aspekte. Mit zunehmender Digitalisierung steigen sowohl im geschäftlichen als auch im privaten Umfeld die Anforderungen an die ITK-Kompetenz. Die Informations- und Kommunikationstechnik ist ein Paradebeispiel für Dynamik und hohe Innovationsraten. Beispielsweise bei Basistechnologien oder einer Fülle neuer Anwendungen. Für die für einen Standort verantwortlichen Akteure kommt es darauf an, die vielfältigen Probleme, Optionen und Handlungsfelder zu erkennen und zu priorisieren (z.B. unter Zuhilfenahme von Instrumenten wie dem der Standortbilanz). Mobile Datendienste und darauf aufbauende

Geschäftsmodelle repräsentieren eines der größten Innovationsfelder: das „Digital Home" (vernetzte Zuhause) wird zu einer Verbindung derzeit noch unabhängig voneinander laufenden Systemen und Geräten führen und völlig neue Anwendungsformen entwickeln. Die Konvergenz von Telefon, Internet und Fernsehen schreitet weiter voran. Unterhaltungselektronik, Haustechnik, Mobilfunk, Hausgeräte, Telefone und Computer können untereinander kommunizieren.

Durchdringung aller Lebensbereiche mit informations- und kommunikationstechnischen Hilfsmitteln: Die IKT schafft Möglichkeiten, ein digitales Abbild unserer Welt zu erzeugen, das neue Transparenzpotential des Internets scheint unermesslich. Die IKT löst Lern-, Anpassungs- und Innovationsprozesse aus und ermöglicht neue Formen der Produktion und Kooperation. Der Transparenzzuwachs schafft ungeahnte Chancen einerseits, bedeutet aber auch ungeklärte Fragen und Risiken anderseits. In dem Spannungsfeld gesteigerter Transparenz und Offenheit entsteht eine neue gesellschaftliche Dynamik. Neuartige Strukturen und Lernprozesse reichen von: unbekümmerter Offenheit („MySpace") bis hin zur gezielten Verweigerung („Nonliner"), neuen Formen der Kriminalität (z.B. Identitätsdiebstahl) über neue Medienkompetenz (Bloggen, Multitasking), flexible Mitwirkungsformen (Vernetzung) bis hin zu neuen gesellschaftlichen Formen (selbstorganisierte offene Communities als Plattformen des Wissenszugangs). Digitale Spaltung = „Digital Divide": Nutzung und Nichtnutzung des Internets und seiner Dienste teilen die Gesellschaft in zwei Lager. Die größte Rolle hierbei spielen soziodemographische und sozioökonomische Faktoren: Onliner können hinsichtlich der Intensität (reicht von Internetsüchtigen über „Heavy User" bis hin zu Gelegenheitsnutzern), Frequenz und Art ihrer Nutzung differenziert werden.

Kreativwirtschaftliche Aspekte: das Gegenstück zu jenen, für die ein Leben ohne permanenten Internetzugang nicht mehr vorstellbar ist, bilden die Nichtnutzer, die in unterschiedlichen Abstufungen von Nutzungsplanern über Skeptische bis hin zu bewussten Verweigerern reichen. Die Software- und Gameswirtschaft hat es als eigenständiger Wirtschaftszweig des Zielclusters IKT-Wirtschaft in der öffentlichen und politischen Aufmerksamkeit sogar in den Olymp der Kultur- und Kreativschaffenden geschafft. Um welches weites Anwendungsfeld es hierbei aber geht, lässt sich vielleicht am ehesten verdeutlichen, wenn man einen ersten Blick auf die sogenannten Serious Games wirft. Hier werden u.a. sicherheitsbezogene, prozessbezogene und gesundheitsrelevante Anwendungen entwickelt: beispielsweise eine Katastrophensimulation für Trainingszwecke der Polizei oder Anwendungen für Kranke zum besseren Umgang mit Dysfunktionen. Im Blickfeld der Öffentlichkeit steht allerdings mehr die Diskussion zum Umgang mit digitalen Gewalt-, Kriegsspielen u.a. Es liegt hier nahe, zu hinterfragen, was derart kritische Produkte nun ausgerechnet mit Kunst und Kultur zu tun haben sollen.

Einen altehrwürdigen Buchmarkt mit seiner jahrhundertealten Tradition als Teil der Kreativwirtschaft abzubilden, ist für jedermann einleuchtend und nachvollziehbar. Aber eine Games-Branche, die dazu noch lange unter der Software- und PC-Flagge gesegelt ist? Schon diese wenigen Anmerkungen machen deutlich, auf welchem zwiespältigen Gebiet man sich hier bewegt. Ungeachtet dessen ist aber die Games-Branche inzwischen selbst vom Deutschen Kulturrat als gewichtiges Mitglied der Kreativwirtschaft anerkannt und findet daher, nicht zuletzt aufgrund konstanter Zuwachsraten, auf allen Ebenen, EU-weit, national und in den Ländern Gehör und Unterstützung. Die Branche macht durch ihre Treiberfunktion auf sich aufmerksam: Unternehmenszahl, Umsatz und Zahl der Beschäftigten steigen seit Jahren konstant an. Nachdem das Games-Thema lange Zeit mit in den großen Software-Topf geworfen wurde, wird die Games-Entwicklung mittlerweile stärker als kreativer Akt herausgearbeitet und schwimmt sich somit frei. Für die Beurteilung und Einordnung im Netz der Standortfaktoren ist dies nicht ganz unwichtig, denn nur was sich als eigenständige wirtschaftliche Aktivität abbilden lässt, ist letztlich für Standortentscheidungen von Relevanz.

Wirtschaftsförderung zum Entrepreneur der IKT aktivieren – Rollenverständnis als Business Enabler für Startups

Der Mittelstand ist nicht nur das Rückgrat der deutschen Wirtschaft, sondern auch der IKT-Branche: als Innovator, Abnehmer und Erbringer von IKT-Leistungen. High-Tech-Gründungen und -Startups können als Antriebsmotor für die zukünftige Entwicklung eines Standortes dienen. Was also liegt näher, als die Wirtschaftsförderung zu einem Entrepreneur der IKT zu aktivieren. Welche Rahmenbedingungen hierfür am besten herzustellen wären, lässt sich mit Hilfe einer Standortbilanz darstellen Das Doppelwort aus den Teilen „Wirtschaft" und „Förderung" könnte Vorstellungen und Anspruchshaltungen wecken, die in der Realität des Standort-Alltages insbesondere für die zweite Worthälfte nur schwer zu erfüllen sind. Enttäuschungen sind somit nicht auszuschließen. Es gibt vielleicht so manchen Unternehmer, der bereits zufrieden wäre, wenn er denn schon nicht gefördert er zumindest nicht behindert würde.

Die Wirtschaftsförderung sollte eine gestaltende Rolle wahrnehmen und ist deshalb für die Entwicklung eines Standortes von zentraler Bedeutung. Ein Blick in die kommunale Haushaltsplanung macht jedoch deutlich, dass bereits die finanzielle und personelle Ausstattung diesem Tatbestand nicht immer voll Rechnung zu tragen vermag. Es sind nicht die eher im Öffentlichkeitsinteresse stehenden publikumswirksamen Förderungen, beispielsweise im Bereich Gewerbesteuer oder Grundstückserschliessung und -beschaffung, sondern die zunächst meist mehr im Verborgenen zu erfüllenden Aufgaben. Für die Wirtschaftsförderung des Standortes geht es beispielsweise im Bereich der Startups weniger um Bereitsstellung von ohnehin meist nicht vorhandenen Geldmitteln sondern vor allem um das Beiseiteschaffen von Hindernissen, um den wirklichen Abbau von oft beklagten Bürokratiebremsen. Mit einem solchen Rollenverständnis als Enabler von Geschäftsvorhaben könnte die Wirtschaftsförderung manche Pluspunkte sowohl für sich als auch für den Standort insgesamt auf der Habenseite verbuchen.

Existenzgründer-Informationsmaterial: heutzutage stehen für einen Existenzgründer eine fast unübersichtliche Fülle von Informationsquellen mit einer großen Zahl von Beratungs-, Unterstützungs- und Förderangeboten bereit. Denn die Existenzgründung stellt sowohl einen wichtigen Wirtschaftsfaktor als auch einen herausragenden Standortfaktor dar. Die Wirtschaftsförderung kann also auf einer breiten und soliden Basis aufbauen und -dort wo möglich- diese beispielsweise mit standortspezifischen Ergänzungen anreichern. EXIST ist ein Förderprogramm des Bundesministeriums für Wirtschaft und Technologie (BMWi) der „Strategie für Hightech Deutschland. Das EXIST-Programm möchte: eine „Kultur der unternehmerischen Selbständigkeit" in Lehre, Forschung und Verwaltung an Hochschulen dauerhaft etablieren, wissenschaftliche Forschungsergebnisse in wirtschaftliche Wertschöpfung umsetzen, das große Potential an Geschäftsideen und Gründerpersönlichkeiten an Hochschulen und Forschungseinrichtungen fördern, die Anzahl innovativer Unternehmensgründungen mit neuen und gesicherten Arbeitsplätzen steigern. Das BMWI-Existenzgründungsportal versteht sich als zentrale Anlaufstelle für Gründerinnen und Gründer sowie junge Unternehmen. Hierbei bietet das Portal Wegbegleitung für Gründungen: Schritt für Schritt kann man den Gründungsweg kennenlernen und dabei erfahren, wo man Informationen „auftanken" kann, welche davon für den persönlichen Gründungsweg wichtig sind und welche Ansprechpartner weiterhelfen können. Vielseitige Informationen: neben vielen Textbeiträgen werden interaktive Checklisten, ein Expertenforum, Gründergeschichten, eine Mediathek, eine Gründerwerkstatt mit Lernprogrammen und Softwareangeboten, eine Adressen- und Seminardatenbank u.a. bereit gestellt.

Förderung von IKT-Startups: es ist weder notwendig noch mit den Mitteln des lokalen Standortes überhaupt möglich, solche qualifizierten Informationsangebote noch zu verbessern. Bei allen diesen Informationsangeboten bleibt ein Startup speziell im IKT-Bereich trotzdem eine Herausforderung, die nicht nur Wissen sondern auch Mut und Ausdauer erfordert. Ein IKT-Startup ist keine zeitpunktbezogene Veranstaltung sondern gleicht statt einem Sprint eher einem Hochleistungs-Marathon. Auf dieser Marathonstrecke müssen nicht nur Informationen recherchiert und vielfältige Aufgaben bewältigt werden: gleich zu Beginn gilt es den „roten Faden" zu finden, um nicht die Orientierung zu verlieren. Hier befindet sich auch der Hebel, an dem ein Business Enabler ansetzen kann: alles dafür zu tun, dass zu ohnehin manch schwerer Hürde nicht noch lokale, standortbezogenen Stolpersteine hinzukommen. Existenzgründungen sind von oft sehr unterschiedlicher Art. Allein unter dem verengenden Aspekt der Branchenauswahl könnten sie Baugewerbe, Bauplanung, Designbranche, Einzelhandel, Ernährungsgewerbe, Erziehung und Unterricht, Gastronomie, Gesundheitswesen, Großhandel, Informationsbranche, IT und Multimedia, Kfz Branche, Kunst und Kultur, Sportbranche oder ein sonstiges Gewerbe oder Handwerk betreffen. Es gibt zu viele unterschiedliche Situationen als dass man diese seitens einer zumal personell meist nur begrenzten Wirtschaftsförderung alle erfassen und individualbezogen lösen könnte.

Die Charakterisierung eines IKT-Starftups als Hochleistungs-Marathon bleibt nicht ohne Einfluss auf die Wirtschaftsförderung: es sind die erfolgreichen Gründungen, die mehr oder weniger nahtlos in den nächsten Verantwortungsbereich der Wirtschaftsförderung übergehen, nämlich den der Bestandspflege. Und wenn dieses Stadium einmal erreicht ist, kann die Wirtschaftsförderung aufgrund einer professionellen Begleitung bereits während der Gründungsphase die dabei erarbeiteten Heimvorteile ausspielen. So könnten beispielsweise aufgebaute Kontakte genutzt werden, das meist schwierige Geschäft eines „door-openers" für die Chefetage bliebe erspart. Gerade für die Wirtschaftsförderung können schnelle, kurze Drähte zu Entscheidungsträgern und Informationslieferanten des Geschäftslebens von oft unschätzbarem Wert sein. Eine der besten und zudem noch kostengünstigen Förderungen für Gründungen liegt im Abbau bürokratischer Hürden. Beispielsweise hat das Land Hessen eine Initiative gestartet, nach der sämtliche Formalitäten innerhalb von sieben Tagen von den zuständigen Behörden erledigt sein sollen.

In der innovationsstarken und wachstumsschnellen IKT-Branche geht es für die Wirtschaftsförderung an allererster Stelle um das Erkennen von Potentialen, d.h. weniger um eine allzu enge Statusanalyse. Ebenso wie für die IKT als Ganzes gilt im Bereich des Individuellen mehr das Morgen als das Heute oder gar das Gestrige. Die Entwicklung strategischer Ziele ist ein Kernelement der IKT-Startups, dieses wiederum die Grundlage für alle operativen Umsetzungsaktivitäten. U.a. geht es auch darum, wie „weiche" Gründerfaktoren entwickelt werden müssen. Für das Umfeld einer IKT-Gründung erkannte Möglichkeiten und Risiken sollten zur Vision und Strategie in Bezug gesetzt werden. Die Strategie soll beschreiben, wie künftig am Markt agiert werden soll, welche Investitionen sowie Maßnahmen hierfür vorgesehen sind. Im Hinblick auf die hieraus abzuleitenden Strategien geht es um Fragen wie beispielsweise: welche spezifischen Ressourcen werden zur konkreten Umsetzung benötigt? welche Personalfaktoren haben den IKT-Gründer in der Vergangenheit stark gemacht, was davon ist einzigartig und sichert ihm Wettbewerbsvorteile? Die Strategie beschreibt zukünftige Aktionen. Dabei ist auf die Einhaltung der Reihenfolge „Ziel - Weg – Erfolg" zu achten. Dieser Blick auf einen Ist-Zustand ist nunmehr von dem Hier und Heute auf die Zukunft, d.h. Potentiale und Strategien zu deren Ausschöpfung auszurichten. Jeder IKT-Gründer mag für sich zu einer anderen Aufstellung der für sich angenommenen Bilanzposten gelangen. Wichtig ist dabei vor allem, dass eine solche Systematik auch für unterschiedliche Auswertungen in sich abstimmfähig und einheitlich beibehalten wird. Welches Potential birgt die Zukunft?

Change Management und Volatilität – mit gestalterischem Denken können Daten Gutes tun

Der Schlüsselfaktor für die Zukunft ist ein proaktives Change Management, d.h. die Bereitschaft zur Veränderung von Spielregeln. Dazu kommt die Qualität der Umsetzung durch eine gezielte Entwicklung der inneren Schlagkraft des Unternehmens in Menschen bzw. deren Fähigkeiten und abgeleitet daraus in Strukturen, Systeme und Prozesse. Es genügt nicht, nur besser zu sein: ohne herausragende Antizipations- und Reaktionsfähigkeit ist vieles fraglich. Vielmehr müssen die Grundrichtungen und Konzepte mit dem festen Willen zur positiven Veränderung (nicht nur zur Verbesserung!) gezielt verfolgt und mit gestalterischem Denken genutzt werden. Die Produktzyklen haben sich verkürzt, die Wertschöpfungsketten werden immer vernetzter. Ziele sind u.a.: Verankerung der schnellen Leistungsbereitschaft von Unternehmen, Suche nach zeitorientierten Wettbewerbsfaktoren für die Planungsunterstützung, organisatorische Planung hin zu beweglichen und am Markt direkt messbaren Leistungseinheiten, Vereinfachung der Planungs- und Konsensprozesse auf der Entscheidungsebene, Verkürzung der Zyklen für Produkt- und Verfahrensinnovationen, Flexibilisierung der Produktion, Konzentration auf Leistungsschwerpunkte.

Diese allgemeine Entwicklung ist gekennzeichnet durch weltweite Vernetzung durch Massenmedien, Image und Kommunikation als Erfolgsfaktoren, zunehmende Veränderungsgeschwindigkeit, Potentialausschöpfung über schnelle Kommunikation, Schlüsselrolle der Medien für Standortperspektiven. Die Entwicklung neuer Informationstechniken hat unsere Welt schneller gemacht, was zeitnahe Anpassungen erfordert. *Zukunftsorientierung*: der rein vergangenheitsorientierte Umgang mit Steuerungsinformationen bietet keine ausreichende Basis für die Zukunftssicherung. *Komplexitätsreduktion*: erfordert aktive Unterstützung durch Analyseprozesse. *Szenarien*: die Fähigkeit, alternative Szenarien interaktiv zu modellieren, ermöglicht die Simulation von optionalen Zukunftsstrategien. *Soft Facts*: Neben Kennzahlen ist auch die Integration von „weichen" Informationen notwendig. Volatilität des Umfeldes als Herausforderung: nicht nur in vergangenheitsbezogenen Daten denken, sondern Szenario- und Sensitivitätsanalysen nutzen. Nicht das Erkennen von Veränderungen, sondern die hierauf zu treffenden Entscheidungen und vor allem deren zu langsames Umsetzen können zum Problem werden. Das Hüten einer immer weiter verfeinerten Controlling-Toolbox hilft nicht, wenn nicht gleichzeitig Status quo, Geschäftsmodell und Instrumente ständig hinterfragt und überdacht werden.

Daten sind für sich gesehen zunächst weder schlecht noch gut: alles hängt davon ab, was man aus ihnen macht und wie man sie verwendet. Daten sind auch noch keine Informationen und Informationen sind auch noch kein Wissen. Will man etwas Gutes tun, muss man hierfür oft auch Daten haben und auswerten können: das ist in der Medizin und in vielen anderen Lebensbereichen so. Wenn Daten das Erdöl des 21. Jahrhunderts sind, darf man mit diesen genauso wenig verschwenderisch umgehen, sondern muss ihre Potenziale ausschöpfen. In Daten liegen noch viele ungehobene Schätze. Auch Data Mining hat dazu beigetragen, die Wünsche von Verbrauchern zu erfahren und Kunden besser zu verstehen. Vor allem kommt es darauf an, nicht nur den ökonomischen Interessen zu folgen, sondern unabhängig hiervon mögliche Gefahren und Risiken ungebremster Datensammlungen zu identifizieren und eine ergebnisoffene Abwägung von Kosten und Nutzen, von Stärken und Schwächen sowie von Risiken und Chancen vorzunehmen.

Zukunftsbezogene Chancenorientierung: wenden wir uns nunmehr unserem Ziel der Potentiale zu. Die Liste der Vorteile von potentialorientierten Betrachtungsweisen ist lang. Die ganze Ausrichtung der Potentialorientierung führt weg von einem zumindest gefühlten Prüf-Charakter der Ratings hin zu einer zukunftsbezogenen Chancenorientierung. Denn ihrem eigentlichen Kern nach sind Potentiale nichts anderes als Chancen für die Zukunft. Wer könnte ein größeres Interesse an der Wahrnehmung dieser Chancen haben als eben Teilnehmer an Gründungsverfahren? Je systematischer und transparent nachvollziehbar solche Chancen identifiziert werden können, desto größer sind die Glaubwürdigkeit und Akzeptanz des Verfahrens. Portfolio-Aufteilung der Gründerfaktoren nach Handlungsempfehlungen: dabei wird auf der horizontalen Achse eines Portfolios die Bewertung des jeweiligen Gründerfaktors angezeigt. Dieser Wert wird als Durchschnitt aus den drei Dimensionen „Quantität", „Qualität" und „Systematik" ermittelt. Auf der zweiten vertikalen Achse des Tableaus wird das Einflussgewicht des Faktors aufgetragen. Dies ermöglicht eine Zuordnung und Abgrenzung der Gründerfaktoren nach unterschiedlichen Handlungsfeldern. Die Einzelfaktoren werden entsprechend ihren zugrunde gelegten Bewertungen jeweils einer der vier Handlungsempfehlungen zugeordnet:

Standort-Check Grundsatzfragen: bevor für einen Standort ein umfassendes Diagramm- und Auswertungspaket entwickelt und zusammengestellt werden kann, sollte Klarheit über einige Grundsatzfragen geschaffen werden. Hierzu gehören beispielsweise auch Antworten auf folgende Fragen: erfüllt der Standort die Mindestkriterien des jeweiligen Anforderungsprofils? Was macht das Besondere dieses Standortes aus und wie ist dieses Besondere zu bewerten? Welche dynamischen Beziehungen wirken zwischen einzelnen Standortfaktoren? Mit welcher Zeitdauer werden diese Beziehungen wirksam? D.h., wie sieht das Innenleben des Standortes hinter seiner Fassade aus? Kann der erste Eindruck mit detaillierten Fakten untermauert werden? Welches Gewicht sollte aus individueller Sicht einem bestimmten Standortfaktor gegeben werden? Ist für die Beurteilung eines Faktorenwertes dessen absolute Größe oder eher die Relation der Werte zueinander von größerer Bedeutung?

SWOT-Standortfragen: es gibt unzählige Standortstudien und -Monitore. Jede Kommunalverwaltung sowie jedes ortsansässige, ansiedlungsinteressierte oder existenzgründende Unternehmen muss für sich selbst herausfinden, ob damit alle individuellen

Zwecke, Ziele und Anforderungen abgedeckt werden können. Nach dem Studium und der Auswertung vieler solcher Standort-Berichte haben sich einige Kernfragen herauskristallisiert, zu denen die entsprechenden Antworten Hinweise geben können, ob die verfügbaren Informationsunterlagen für eventuelle Standortentscheidungen ausreichend sind. Entscheidend hierfür sind eindeutige Ja-Antworten auf folgende Kernfragen: *Vollständigkeit? Gewichtung? Relationen und Wirkungsbeziehungen? Potentiale und Handlungsempfehlungen? Eigenbild- und Fremdbildvergleiche? Bewertungen mit verschiedenen Dimensionen?*

Größtmögliche Transparenz der „Intangibles": eine Standortbilanz befasst sich vor allem mit der Bewertung und Messung immaterieller Sachverhalte, also allen „Intangibles" einer ganzen regional abgegrenzten Einheit. Obwohl dabei versucht wird, größtmögliche Transparenz und (auch quantitative) Nachvollziehbarkeit durch Annäherung an finanzübliche Sichtweisen herzustellen, kommt es nicht so sehr auf die absolute Höhe oder Richtigkeit der Bewertungszahlen an. Für den überwiegenden Teil der Standortfaktoren sind ohnehin keine Käufe oder Verkäufe möglich. Es existiert kein Markt für Standortfaktoren, auf dem sich ein in Euro und Cent ausdrückbarer Marktpreis darstellen ließe. Wirtschaftsförderer und Standortentscheider können mehr Informationsgewinn eher aus der richtigen Relation und Korrelation zwischen den jeweils identifizierten Standortfaktoren untereinander gewinnen. In dem Konzept der Standortbilanz erfolgt die Bewertung von 1. Geschäftsprozessen, 2. Geschäftserfolgen, 3. Humankapital, 4. Strukturkapital und 5. Beziehungskapital des Standortes gemäß einer QQS-Bewertung (Quantität-Qualität-Systematik). Jeder der zuvor identifizierten und beschriebenen Standortfaktoren wird für sich nach den Dimensionen Quantität (Qn), Qualität (Ql) und Systematik (Sy) bewertet und muss im Rahmen der vorgestellten Vorgehenssystematik ein 3-stufiges Bewertungsschema durchlaufen: an jede dieser drei Bewertungsstufen Quantität, Qualität und Systematik des Standortfaktors wird dann ein eigens hierfür zu entwickelndes Bewertungs-Raster angelegt: hierbei ist im Rahmen der Standortbilanzierung die Selbstbewertung ein Schlüsselprozess, der eine Plattform für die Diskussion und Erarbeitung von Themen liefert, mit denen die Wirtschaftsförderung konfrontiert wird und sichert die Mitwirkung und das Engagement von Schlüsselpersonen. Damit ist die Selbstbewertung auch ein leistungsfähiger Mechanismus zur Einführung und Unterstützung von Verbesserungsmaßnahmen.

Computergestützte Bewertungsprozesse: als Vorteile im Detail bietet das Instrument der Selbstbewertung u.a.: einen gründlichen strukturierten Ansatz für Verbesserungsaktivitäten, eine Bewertung auf Grundlage von Fakten statt individueller Wahrnehmungen, ein Instrument zur Festlegung eines Orientierungsrahmens und zur Konsensfindung hinsichtlich notwendiger Maßnahmen, ein leistungsfähiges Diagnoseinstrument, eine objektive Bewertung anhand von praxisbewährten Kriterien, ein Mittel zur Messung der im Zeitablauf erzielten Fortschritte, ein Instrument das die Verbesserungsaktivitäten auf diejenigen Bereiche konzentriert, in denen sie am nötigsten sind, eine Methode die sich auf allen Ebenen anwenden lässt (von einzelnen Bereichen bis hin zum Gesamtstandort), eine Chance zur Förderung und zum Austausch erfolgreicher Methoden.

Eine Volkswirtschaft und ihre digitalen Geschäftsmodelle mit dynamisch veränderten Qualifizierungsinhalten - neue Interaktionsformen der informationsbasierten Arbeitswelt

Internet – Bestehendes und Ungewisses - Mythos Netz mit Rissen in der Fassade: mit Einzug des Internets wurde viel versprochen und erhofft: unbegrenzter Zugang zu allem Wissen der Welt, totale Freiheit und Selbstverwirklichung, zahllose Freundschaften und Kontakte u.a. Und dass diese schöne Welt rund um die Uhr und überall auf ewig zum Nulltarif zu haben sei. Für viele ist dies auch so gekommen: vielleicht aber doch nicht ganz auf eine Weise, wie man es geglaubt und sich vorgestellt hatte: Big Data verselbständigt sich mehr und mehr und schafft sich seine eigenen Strukturen. Die neue Währung sind Klicks, die auf der Basis von Benutzerführung und Aufmerksamkeit zunehmend Inhalte, Prozesse, Geschäftsmodelle, Werbung oder ganze Wertschöpfungsketten umgestalten. Der Überbau der Daten wird selbst zur neuen Realität anstatt diese einfach nur abzubilden, mehr oder weniger unbewusst müssen (wollen) wir uns der neuen Logik des Netzes beugen. Menschen passen Verhalten und Gedanken dieser Netzlogik an und verhalten sich anders, seit ihnen bewusst wurde, dass sie permanent beobachtet und ausgeforscht werden: Gedankengänge und Reaktionsmuster werden von Algorithmen berechnet, sogar vorausberechnet. Dutzende gespeicherter Parameter sorgen dafür, dass Nutzer nur solche Informationen (manchmal sogar Nachrichten) vorgesetzt erhalten, die jene im Verborgenen wirkenden Algorithmen für sie als am besten geeignet ansehen und beurteilen: „Das Ideal des selbstbestimmten Individuums droht, in den digitalen Mühlen zerrieben zu werden". Es könnte also durchaus geschehen, dass das Wissen der Menschheit von der Logik der Klicks eingeholt und in Form klickgetriebener Inhalte überrollt werden könnte.

Geschäftsmodelle aus der digitalen Welt lassen sich an vielen Stellen einer Volkswirtschaft verorten: „Volkswirtschaften mit einem höheren Anteil digitaler Geschäftsmodelle und Infrastruktur erzielen einen Einkommensvorteil.....durch digitale Technologie werden traditionell regional begrenzte Zusammenhänge geöffnet und vernetzt, Geschäft mit nahezu unbegrenzten Mengengerüsten möglich, und der Aktionsradius für wirtschaftliche Akteure wird erweitert". Die Digitalisierung ist der herausragende Einflussfaktor für fast alle wirtschaftlichen und sozialen Beziehungen, betroffen sind unterschiedliche Muster der Arbeitsteilung. Im Beziehungsgeflecht zwischen Unternehmen und Verbrauchern. „Durch die Verbindung der klassischen mechanisch-elektronischen Produktionsstrukturen mit Software und Informationstechnik (cyber-physische Systeme) sowie die Nutzung von Private-Cloud-Diensten wird die Wertschöpfungskette um eine Informationskette in Echtzeit ergänzt". Die Neuerfindungen digitaler Geschäftsmodelle sind weder an Ort noch an eine bestimmte Kultur gebunden. Mit der Digitalisierung lassen sich auch alte Ideen ökonomisch neuartig nutzen. Aus lokalen Phänomenen (Mitfahrzentrale) wurden globale Märkte der Sharing Economy geschaffen. Riesige Datenmengen zu generieren, verschafft Vorteile: der exklusive Besitz solcher Daten ermöglicht (zumindest temporär) eine starke Marktposition. Die globale Vernetzung in Echtzeit ist nicht zuletzt ein gewaltiges Beschleunigungsprogramm (bei dem allerdings die unterschiedlichen Zeitmuster und Geschwindigkeiten erst in einem ganzheitlichen Wirkungszusammenhang transformiert werden müssen).

Das Personalmanagement unterliegt dadurch einem dynamischen Wandel und Anpassungsdruck: insbesondere der Umgang mit Wissen als Ressource wird für die Zukunft immer mehr zum entscheidenden Erfolgsfaktor, d.h. die Wettbewerbsfähigkeit wird vom bewussten und gezielten Umgang mit diesem immateriellen Rohstoff abhängen. Wissen manifestiert sich sowohl in internen Kommunikationsnetzwerken, dem „Unternehmensgedächtnis", als auch im Verbund mit externen Kooperationspartnern. Es wird immer mehr darauf ankommen, dass man wissensgestützte Produkte und Dienstleistungen fortlaufend weiterentwickelt, denn deren Marktwert basiert zu einem immer größeren Teil auf dem in ihnen steckenden Informationsgehalt. Dabei werden verschiedene Entwicklungsstufen durchlaufen: von der Daten- über die Informations- bis hin zur höchsten Wissensstufe. Die veränderten Inhalte von Qualifizierungsmaßnahmen stellen personalverantwortliche Manager, Trainer und Lehrer ebenfalls vor veränderte Herausforderungen. Während im gesamten Aus- und Weiterbildungsbereich die Vermittlung von Wissen und kognitive Fähigkeiten im Vordergrund stehen, werden bei der praktischen Umsetzung dieses erlernten Wissens auch persönliche, soziale und kommunikative Kompetenz benötigt.

Zwischen Informationsproduzenten und -konsumenten werden neue Interaktionsformen realisiert. Es geht um die Lösung der Fragen: wie können Unternehmen mit der Dynamik des sie umgebenden Umfeldes mithalten? aus welchen individuellen und kollektiven Wissensbeständen setzt sich die Wissensbasis zusammen, auf die ein Unternehmen zur Lösung seiner Aufgaben zurückgreifen kann? besitzen die Mitarbeiter die notwendigen Fähigkeiten, um das vorhandene Informationsangebot produktiv nutzen zu können? Wissen und Erfahrungen sind an Personen gebunden und daher können nur die Knowhow-Träger selbst diese Potenziale erschließen. Hierbei finden in der informationsbasierten Arbeitswelt gewaltige Umstrukturierungen statt. Die Entwicklung hin zur Informationsgesellschaft sorgt nicht nur für partielle Veränderungen, sondern kündigt bereits die künftige Gesellschaft an. Bei immer kürzeren Innovationszyklen wird die Qualität der Mitarbeiter zum strategischen Erfolgsfaktor. D.h. die Wettbewerbsfähigkeit eines Unternehmens hängt nicht zuletzt von der Fähigkeit der Mitarbeiter ab, wie schnell diese auf neue Entwicklungen zu reagieren in der Lage sind. Die Halbwertzeit des Wissens sinkt dramatisch ab: d.h. ohne regelmäßiges Aktualisieren und Auffrischen könnte wertvolles Knowhow in kürzester Zeit nur noch die Hälfte wert sein.

Wissensmanagement erhöht Problemlösungskapazität und umfasst hierbei alle Maßnahmen, die auf eine Ausweitung von

Wissen oder auf eine verbesserte Nutzung gerichtet sind: denn im Unternehmen verfüg-bare Wissensbestände erfüllen nur dann ihren Zweck, wenn durch sie das Aufgabenspektrum im beruflichen Kontext besser gelöst werden kann, d.h. das Unternehmen ist nicht nur an positiven Wissenszuwächsen an sich, sondern vielmehr daran interessiert, dass dieses Wissen auch an den Arbeitsplatz transferiert wird. Hierbei geht es um die Frage, welchen Beitrag zum Unternehmenserfolg der Erwerb von zusätzlichem Wissen erbringt. Wissensmanagement soll die Problemlösungskapazität aufgrund der vorhandenen Fähigkeiten und Praktiken erhöhen und durch gezielte Beeinflussung die Wissensbasis verbessern. Zu den Gestaltungsfeldern des Wissensmanagements zählen Wissensziele, Wissensidentifikation, Wissensbewertung und Messung, Wissenserwerb, Wissensentwicklung, Wissensspeicherung, Wissensnutzung, Wissensverteilung.

Wissensziele: stimmen alle Aktivitäten auf die Gesamtziele des Unternehmens ab, u.a. durch Festlegung konkreter Ziele für alle Gestaltungsfelder. Um im Fähigkeitenwettbewerb bestehen zu können, müssen Kompetenzen aufgebaut und weiterentwickelt werden, Wissensvorsprünge müssen in konkrete Nutzungsstrategien umgesetzt werden. Fragen: welches Wissen ist heute und welches morgen entscheidend für Geschäftserfolge? worin liegen Sinn und Notwendigkeit von Wissenszielen? welches sind die besonderen Herausforderungen bei der Definition von Wissens-zielen? ist bekannt, wo und wie stark die Hebelfähigkeiten des vorhandenen Wissens angesetzt werden können? werden die allgemeinen Unternehmensziele in strategische und operative

Wissensziele übersetzt? wird überprüft, inwieweit Wissensziele erreicht wurden?

Wissensidentifikation: hierbei geht es darum, intern bereits vorhandene Wissensbestände erst einmal zu erkennen und dann in systematisierter Form sichtbar und greifbar darzustellen: bisher nicht oder separat genutztes Wissen soll dem Unternehmen als Ganzes zugänglich gemacht werden, Mehrfachaufwand durch redundante Wissensentwicklung soll vermieden werden. In der heutigen Wirtschaftswelt herrscht kein Mangel an Informationen. Unternehmen stehen vielmehr vor dem Problem, einen Überblick über die um sie herum explosionsartig anschwellende Datenflut zu behalten. Wer im Wettbewerb erfolgreich agieren will, muss über vollständige Transparenz seiner vorhandenen Wissens-bestände verfügen. Transparenz stellt sich nicht automatisch ein, sondern muss zielgerichtet und manchmal auch mühsam erarbeitet werden. Fragen: ist transparent, welches Expertenwissen in welcher Form, bei wem und wo bereits im Unternehmen vorhanden ist? welche Wissensbestände werden häufig genutzt und welche seltener?

Entscheidungsunterstützer IT – neue Art des Arbeitens – intelligente Nutzung von Daten - der Erwerb von Wissen ist ebenso zu behandeln wie eine Investition im materiellen Vermögensbereich

Internet als treibende Kraft – Wachstumsmotor und neue Perspektiven: das Internet bietet nahezu unbegrenzte Möglichkeiten des Abrufs und Zugriffs auf Informationen: unabhängig von Ort und Zeit. Informationen werden verfügbar, die vor nicht allzu langer Zeit für einen Normalbürger überhaupt nicht auffindbar waren. Das Internet hat damit einen Möglichkeitsraum für neue Geschäftsmodelle erschaffen, ist an vielen Stellen zum unverzichtbaren Wachstumsmotor geworden. Viele Dinge sind durch das Internet erlebbar geworden, für viele haben sich völlig neue Perspektiven eröffnet. Soll aber die digitale Zukunft auch weiter erfolgreich sein, müssen die hierbei immer deutlicher zu Tage tretenden Gegensätze und Probleme überwunden und dringend gelöst werden.

Privatsphäre, Kontrollverlust und der Reiz von Communities: einst, d.h. gerade erst einmal 1987, galt eine Volkszählung vielen als Ausgeburt von staatlichem Kontrollwahn, extrem bedrohlich für die persönliche Freiheit. Gegen das, was heute an Daten im Internet abgegriffen wird, waren jene grauen Volkszählungszeiten damals der reinste Kinderkram. So werden im Streben nach kurzfristiger Prominenz im Internet hemmungslos die persönlichsten Details preisgegeben. Auch für die berufliche Karriere erscheint es angebracht, im Netz ein positives

Bild abzugeben. Bei einem Treffen erübrigt sich die Frage nach dem was man so beruflich mache: Interessierte haben längst alles bereits gegoogelt. So sammeln sich im Internet unweigerlich Spuren eines jeden Lebens, Spuren die niemals verwischen sondern immer zahlreicher werden. Die Währung, mit der im Internet Kontakte gesucht werden, heißt „Freundschaft" oder „Teilen": abseits vom wirklichen Leben kann man im Internet gleich mehrere hundert Freunde haben und diese Liste fast nach Belieben noch verlängern. Die Furcht vor Nichtbeachtung ist bei einer Vielzahl von Personen größer als die vor Beobachtung. Das Schlimme daran: niemand kann wissen, wer sich welche Daten wann und wozu heruntergeladen hat. Eine zunehmende Sehnsucht nach Anonymität und einer Möglichkeit, unerkannt zu bleiben, kann daher nicht verwundern.

Mit Hilfe der Verarbeitung und Interpretation großer Datenmengen können neue Erkenntnisse gewonnen werden, Risiken und Chancen besser eingeschätzt werden, Kosten gesenkt und Entscheidungen schneller und fundierter getroffen werden. Der Schlüssel sind die richtigen Algorithmen. Mit deren Hilfe können die Ergebnisse aus der Datenauswertung auf die Geschäftsprozesse übertragen werden. Die Kombination aus Cloud und mobilen Geräten ermöglicht eine neue Art des Arbeitens: sie ist der Türöffner für mehr Agilität und Flexibilität. Entscheidend hierbei ist die Fähigkeit zur intelligenten Nutzung von Daten. Wobei es nicht darauf ankommt, immer noch mehr Daten anzuhäufen. Wichtiger ist, die richtigen Daten zu erfassen und sie intelligent zu analysieren. Trotz Automatisierung von immer mehr Entscheidungen ist aber der Mensch nach wie vor gefragt. Denn im realen Leben gibt es viele Dinge, die auch Big Data nicht vorhersehen kann. Hier muss dann der Mensch eingreifen und die Algorithmen erst wieder an die neue Situation anlernen.

Entscheidungsträger sind mehr und mehr auch auf praktikable Instrumente zur Bewertung und Messung von Wissen angewiesen. Insbesondere die Glaubwürdigkeit und Nachvollziehbarkeit einer möglicherweise zu erstellenden Standortbilanz hängen ganz entscheidend von Angaben ab, die der zahlenorientierten Finanz- und Wirtschaftwelt vergleichbar sind. Das traditionelle Managementdenken konzentriert sich nach wie vor auf quantifizierbare Aussagen. Voraussetzung ist, dass das Netzwerk der Beziehungen zwischen einzelnen Komponenten des Intellektuellen Kapitals sinnvoll strukturiert werden, um darauf aufbauend dann geeignete Indikatoren ableiten zu können. Als Vorstufe zur direkten Quantifizierung bietet sich zunächst eine indirekte Bewertung an. Hierzu sollten zunächst die für das Unternehmen überlebenswichtigen Kernprozesse definiert und beschrieben werden. Hierzu ergänzend könnten die Faktoren herausgefunden werden, die für den Geschäftserfolg von Unternehmen von unmittelbar größter Wichtigkeit sind und hiermit in einem plausiblen Zusammenhang dargestellt werden können. In vielen Fällen wird man hierbei zu einer Mischung aus harten und weichen Indikatoren gelangen. Unter harten Indikatoren werden diejenigen verstanden, die sich eindeutig und direkt quantifizieren lassen (z.B. Umsatzerfolge). Unter weichen Faktoren werden diejenigen verstanden, die auf einer qualitativen Basis indirekt gemessen werden (z.B. Durchsetzungsvermögen).

Wissenserwerb: umfasst alle Maßnahmen zur Beschaffung extern verfügbarer Wissensbestände (Beziehungen zu Kunden und Lieferanten, zu Kooperationspartnern, zu Konkurrenten u.a.). Ebenso zählt hierzu die Beauftragung von Experten oder die Beschaffung von Wissensprodukten (Datenbanken, Software, Studien u.a.). Ziel ist es, das Wissen der Umgebung intelligent in die eigene Geschäftstätigkeit und die eigenen Fähigkeiten einzubeziehen: es gilt, das interne Unternehmenswissen von außen um das Wissen der Finanzwelt, das Wissen der Kunden, das Wissen der Lieferanten, das Wissen der Öffentlichkeit oder das Wissen der Medien anzureichern. So beispielsweise besteht die Haupttätigkeit mancher Forschungs- und Entwicklungsabteilungen nicht in der Entwicklung neuer Verfahren und Produkte, sondern im intelligenten Erwerb externen Wissens (z.B. wenn sich immer mehr Pharmaunternehmen das Wissen von Biotechnologiefirmen einkaufen). Oder: Schlüsselkunden wissen als besonders intensive Nutzer häufig mehr über Stärken und Schwächen eines Produktes im täglichen Gebrauch als dessen eigentliche Entwickler selbst. Frage: welche externen Wissensquellen werden von dem Unternehmen bisher genutzt? Der Erwerb von Wissen ist ebenso zu behandeln wie eine Investition im materiellen Vermögensbereich: beispielsweise können auch für Wissensinvestitionen unterschiedliche Amortisationszeiten berechnet werden. Durch den Ankauf von Wissensprodukten gelangt ein Unternehmen aber nicht automatisch in den Besitz der hierzu gehörenden organisatorischen Fähigkeiten: dieses Potential muss vielmehr erst noch durch sinnvolle Integration in die bestehende Wissensbasis aktiviert werden.

Wissensentwicklung: umfasst alle Maßnahmen zur Neuentwicklung von Fähigkeiten, Produkten oder Prozessen (z.B. Forschung und Entwicklung, Marktforschung). Fragen: werden Leistungserstellungsprozesse auch als Prozesse der Wissensentwicklung gesteuert? wo sind im Unternehmen die Zentren der Wissensentwicklung? wird kontinuierlich versucht, implizites Wissen auch explizit sichtbar und bewusst zu machen? wird im Unternehmen individuelle Kreativität gefördert? Obwohl heute die Wissensmärkte nahezu unbegrenzt und Wissensprodukte (z.B. Software, Blaupausen u.a., in denen „gefrorenes" Wissen steckt) für jede nur denkbare Anforderung jederzeit verfügbar scheinen, sollte das Unternehmen niemals die eigenen Fähigkeiten zur Wissensentwicklung vernachlässigen oder gar verlieren. Denn dieses extern auf Märkten importierbare Wissen steht auch der Konkurrenz offen und lässt sich daher ohne zusätzliche Eigenentwicklung umso schwerer in Wettbewerbsvorteile umsetzen. Nur Wissen, das wirklich neu und nicht jedermann zugänglich ist, schafft die Basis für innovative Produkte und eine wachsende Wertschöpfung. Im Mittelpunkt der Wissensentwicklung steht daher die Entwicklung neuer Ideen und besserer Fähigkeiten. Dieses Gestaltungsfeld ist somit eng mit dem Innovationsmanagement gekoppelt. Niemand kann dazu gezwungen werden, einen genialen Einfall zu haben (auch nicht durch eine Verdoppelung von Forschungsbudgets). Der Prozess der Wissensentwicklung bewegt sich daher auch im kreativen Bereich und ist dementsprechend schwerer steuerbar, jedenfalls kaum planbar.

Wissensspeicherung: umfasst alle Maßnahmen zur Bewahrung der vorhandenen Wissensbestände. Neues, wertvolles Wissen entsteht oft im Rahmen von Projektarbeiten. Unternehmen müssen deshalb gezielte Maßnahmen ergreifen, um das im Projektverlauf entstandene Wissen zu bewahren (Erfahrungssicherung). Fragen: gibt es einen systematischen Entscheidungsprozess darüber, welches Wissen auf welchem Medium gespeichert wird? umfasst die Wissensspeicherung Konzepte zum einfachen Wieder-auffinden von Wissen? werden durch Outsourcing unreflektiert Teile des organisatorischen Gedächtnisses gelöscht? entstehen Wissenslücken, wenn Mitarbeiter das Unternehmen verlassen? werden Projektergebnisse (lessons learned) systematisch für zukünftige Wiederverwendungen gesichert? wird Erlebtes und Erfahrenes über den Augenblick hinaus bewahrt?

IT-Infrastruktur mit Gefahren und Risiken - ein Digital-Index auf vier Standbeinen – das Internet als dynamisches Werkzeug und grenzüberschreitender Innovationstreiber

Veränderte Formen des Zusammenlebens und der Zusammenarbeit: bei der Sicherheit von Informationstechnologie nimmt die Gewissheit um deren Bedrohung zu, zugleich aber auch das Gefühl, den Gefahren nicht mehr gewachsen zu sein. Die in vielen Jahren aus unterschiedlichen Systemen gewachsene IT-Infrastruktur weist unzählige Einfallstore auf, die nach einhelliger Meinung vieler Experten kaum (nicht) geschlossen werden können. Mit dem sogenannten Internet der Dinge werden Unternehmen wie auch Privatpersonen zu unbegrenzten Datensammlern: Unternehmen mit einer Vielzahl über das Netz verbundener Produkte und Maschinen. Privatpersonen mit ihren „smarten" Fernsehern, mobilen Telefonen oder bald auch vernetzten Autos, Uhren, Zahnbürsten bis hin zu Kochtöpfen (Produkte, die das Privatleben ihrer Nutzer „hacken"). Mit Blick auf die gesamte Volkswirtschaft steht eine sichere IT-Infrastruktur für die Energieversorgung, Telekommunikation, Finanzdienstleister u.a. auf dem Prüfstand. Damit verändert und bestimmt die Digitalisierung die Art und Weise, in der Menschen zusammenarbeiten und zusammenleben. Th. Kerner nennt hierzu in der FAZ vier grundlegende Aspekte: für viele Menschen sind raum- und zeitgebundene Arbeit schon heute Realität. Herkömmliche Arbeitsformen werden ersetzt durch flexible Projektarbeit mit einem Mix aus internen und externen Kräften. Vernetzung und

Digitalisierung liefern die Basis für die Entkoppelung vom klassischen Arbeitsplatz. Wichtig werden vor dem Hintergrund dieser Flexibilität Mitarbeiter, die ihre Kompetenzen in unterschiedliche Teams und Projekte einbringen können. Da die Digitalisierung Wissen breiter zugänglich macht, entwickeln sich flachere Hierarchien, in denen auf allen Ebenen mehr Eigenverantwortung gefragt (verlangt) wird. Temporäre Projektorganisation und Netzwerke ersetzen feste Abteilungsstrukturen. In manchen wissensintensiven Dienstleistungsbranchen wie beispielsweise Werbung, Consulting, Software u.a. ist dies bereits seit vielen Jahren gängige Praxis. Auf Dauer wird alles dies nur auf der Grundlage von verbesserten (maximalisierten) IT-Sicherheitsstrukturen funktionieren.

Mit einem regionalen Digital-Index kommt auch hier die Standortfrage ins Spiel. *Digitaler Zugang*: was ist der primäre Internetzugang zu Hause? Welche Hardwareausstattung ist in deutschen Haushalten verfügbar und wie wird diese für die Internetnutzung eingesetzt? *Digitale Kompetenz*: wie kompetent sind die Bürger in Deutschland im Umgang mit Medien allgemein? Wie kompetent sind sie im Umgang mit digitalen Medien? Welcher Wissensstand ist in der Bevölkerung vorhanden? *Digitale Vielfalt*: wie vielfältig sind die Anwendungen der Befragten im Bereich Computer- und Internetnutzung? Wie viele Stunden verbringen Bürger mit ihren Endgeräten bzw. im Internet? *Digitale Offenheit*: sind die Bürger in der digitalen Welt bereits angekommen? Welche Ängste bzw. Erwartungen haben die Bürger in der digitalen Welt? Wie offen ist die Bevölkerung in

Deutschland gegenüber digitalen Themen? *Im Bundesländervergleich lagen im Vorderfeld:* Nordrhein-Westfalen, Bremen, Schleswig-Holstein, Bayern. *Im Bundesländervergleich lagen im Mittelfeld:* Hessen, Rheinland-Pfalz, Niedersachsen, Berlin.

Das Internet, so wie es heute ist, geschah so wie wir es geschehen ließen, alle ließen das Internet zu dem gedeihen, wie es heute ist. Unzählige Ideen kluger und kreativer Köpfe brachten auch das Internet zum Blühen. Und so ist das Internet heute größer, machtvoller und einflussreicher als vieles andere. Aber auch bedrohlicher als Werkzeug bestimmter Interessen, die sich des Internets bemächtigen wollen. Algorithmen mächtiger Konzerne steuern, was wir finden und kaufen sollen. Das Internet zerstört manches Bestehende und schafft gleichzeitig Neues. Aber das Internet schafft auch so manches Ungewisses und richtet, wer was zu welchen Konditionen im Netz veranstalten darf, welche Meinungen gelten und welche Geschäftsideen Erfolg haben oder welche eben nicht. Wenn etablierte Medien weiter so an Bedeutung verlieren könnte eine angebliche Freiheit des Digitalen vieles strangulieren. Wenn mit den im Internet hinterlassenen Spuren unbegrenzt und zügellos Geschäfte gemacht oder Eigeninteressen verfolgt werden, werden damit bestehende, bisher sehr nutzbringende Geschäftsmodelle zerstört und bestehendes gesellschaftliches Verhalten verändert. Dynamik, Innovation und das für das Netz typische Grenzüberschreitende machen zwingend notwendig, sich mit den Schattenseiten des Netzes stärker zu befassen. Damit die Person als Individuum nicht zur letztendlich nur noch rechnerischen Größe degradiert wird.

Im Algorithmus als Doppelgänger jeden Individuums gefangen und befangen - Gesellschaft und Kommunikation in einem Big Data-Spiel ohne Kenntnis der Regeln

Die Macht der Algorithmen, so hört und liest man, wächst: sie steuern unser Leben, stehen mit uns auf, gehen mit uns schlafen. Algorithmen machten die Handlungen eines jeden Einzelnen berechenbar und vorhersagbar. Wenn eine Ehefrau beim Kauf eines Anzuges für ihren Mann dann moniert, dass er sich einfach nicht entscheiden könne: der Algorithmus hätte es (quasi als Doppelgänger jeden Individuums) gewusst. Faszinierende Computerprogramme, gespeist mit neuesten wissenschaftlichen Erkenntnissen, könnten (so propagieren viele Software-Gurus) einfach nicht irren: schon gar nicht im Vergleich zu den Beschränkungen eines menschlichen Gehirns. Menschen würden wie Marionetten an den Fäden des Algorithmus in den Fängen der Manipulierbarkeit hängen: nicht mehr der Einzelne könne entscheiden, sondern nur noch ein gefühlloser Algorithmus. Abseits von aller Sachproblematik ist damit ein Knackpunkt angesprochen: die Gefühlswelt des Menschen. Auch ein noch so gescheiter und mit Daten vollgestopfter Algorithmus müsste wohl eher ratlos vor den Menschen innewohnenden Gefühlsschwankungen stehen und dann mit dem Datensammeln von vorne beginnen: quasi ein RESET des Algorithmus.

Nur wer ohne Vorbehalte akzeptiert, dass er sich vorhersehbar verhält, wird auch vorhersehbar handeln. Nur wer daran glaubt, dass eine anonyme Datenanalysemaschine besser weiß, was für ihn gut ist, verzichtet auf eigene Entscheidungen, auf Freiheit und selbstbestimmtes Handeln. Freies Denken, menschliche Unvollkommenheit und Gefühlswelten können daher als wirksame Schutzmechanismen gegen die anonyme Macht der Algorithmen funktionieren. Dies ist umso dringender ein Gebot der Stunde, als durch anonyme Algorithmen, vielleicht zunächst nur unbemerkt, ein sich destotrotz dynamisch entwickelnder sozialer Druck aufgebaut wird: jede Interaktion (und sei sie auch noch so kritisch) wird als wertvoller Input zur weiteren Perfektion des Systems erfasst und aufgezeichnet. Alle Versuche, den Mustern der Algorithmen entgegenzuwirken, werden ausgewertet und für neue Algorithmen verwendet. Niemand weiß, welche Instanz an den Reglern der Algorithmen sitzt, man kennt weder Motive noch hat man Einfluss auf sie. Die größten Gefahren, die aus solcher Erkenntnis der Ohnmacht entstehen, lauern in den Wahrscheinlichkeiten einer zunehmenden Selbstzensur.

Digitales Leben braucht Wissen, was Daten tun: die Kommerzialisierung des Internet hat ganze Bereiche des Lebens digitalisiert: in einer überwachten Welt werden Bürger zu allererst als Konsumenten wahrgenommen. So manchem haben die Snowden-Enthüllungen erstmals die Augen geöffnet: der Internetspezialist J. Lanier spricht von der „Komplettüberwachung einer ganzen Gesellschaft, ihrer Kommunikation, ihrer Gemütsverfassung, ihrer Gesichter, ihres Konsums". Nur wenige können sich hiervon völlig lösen und freimachen: denn der Nichtgebrauch digitaler Technologien birgt die Gefahr, sich vom gesellschaftlichen Leben ganz oder teilweise abzunabeln und auszuschließen. Der unübersehbare Warnhinweis: Big Data könnte ein Spiel mit der menschlichen Existenz sein. Ein Spiel, dessen Regeln man nicht kennt und die im Dunkeln wirken. Ein Horror-Szenario: ein Facebook-Login ersetzt den Pass, ein Facebook-Profil hat mehr Wirklichkeit als sein Gegenpart aus Fleisch und Blut. Die Grenzen zwischen dem „wahren" Ich eines Menschen und seinem digitalen Zwilling im Netz verschwimmen zusehends und fließen ineinander. Lanier warnt davor, dass „auch die Institutionen, von denen wir abhängen – vom Arzt über den Richter zum Bankbeamten -, zwischen den beiden Zwillingen nicht mehr unterscheiden können und im Zweifelsfall dem berechenbaren den Vorzug geben"

Wie immer man dazu stehen mag: die Gefahr, dass Daten mit menschlichem Leben identisch werden können, ist real und nicht von der Hand zu weisen: Die logische Konsequenz hieraus ist, mit diesen Phänomenen offen und offensiv umzugehen. Grundvoraussetzung hierfür wäre eine Offenlegung aller jener geheim gehaltenen Algorithmen, die sich aus persönlichen Daten bedienen: Um frei entscheiden zu können, müssen Menschen wissen, was Daten tun. Immer häufiger werden wir uns der Unfähigkeit bewusst, die Konsequenzen der Informationen, die wir schon besitzen, zu erkennen.

Das Zauberwort für den Siegeszug von Computersimulationen heißt „Prädiktion", die umso besser wird, je mehr Daten vorliegen - Sozialwissenschaften in einer informationsbasierten Welt

Wir verlassen das Zeitalter der Statistiken und aggregierten Daten und treten ein in das Zeitalter der Echtzeit und disaggregierten Daten. Das lebendige Individuum mutiert mehr und mehr zu einer Kommunikationsmaschine, deren Denken elektronische Medien schon grundlegend verändert haben. Komplexe, dynamische Systeme wollen immer noch mehr an Datenreihen verarbeiten und machen deren Erhebung zu einer unausgesprochenen Frage des Wissens. Der Wille zu solchem Wissen darf kein Gebiet des täglichen Lebens aussparen und keinen Haltepunkt des Interesses kennen. Das Wissen, nicht genau zu wissen, was wir wissen, das „Denken des Undenkbaren" zwischen Realität und Fiktion, wird von digitalen Wissenskulturen gewissermaßen selbst produziert. Im Umbau des kulturellen und sozio-technischen Gefüges der Digitalisierung aller Lebensbereiche werden sogenannte Sachzwänge zu einem Sachverhalt, von dem keiner mehr so recht sagen kann, was eigentlich Sache ist. Ein Standortbilanz-Management-System erlaubt es Standortakteuren, strategische Ziele zu erkennen und umzusetzen. Ein solches Planungssystem ermöglicht außerdem die langfristige Erfolgskontrolle der angewandten Strategie. Um eine Messlatte zu haben, muss die Standortverwaltung vor der Implementierung erst ihre Ziele definieren und die dafür notwendigen Mittel und Maßnahmen festlegen. Die Performance wird dann über einen längeren Zeitraum an diesen Parametern gemessen, d.h. Daten werden gesammelt, analysiert und die Resultate in entscheidungsrelevanter Form präsentiert.

Hypersichtbarkeit und Verfolgbarkeit – Tun im Netz unter Laborbedingungen: in Experimenten wurde herausgefunden, dass Menschen stärker und bewusster auf Nachrichten reagieren, diese in ihren Entscheidungsprozessen berücksichtigen, wenn sie in personalisierter Weise daherkommen (Vgl. FAZ „Wir ahnungslosen Versuchskaninchen"). Personalisierte Nachrichten verrichten bessere Überzeugungsarbeit: die „Feinkörnigkeit und Verfolgbarkeit" digitaler Beziehungen eröffnen hierbei einen weiten Möglichkeitsraum. Statt mit Hilfe von Unmengen abgeschöpfter Daten immer wieder das Interesse anfachen zu wollen, kann man nach Meinung von Experten individuelles Verhalten steuern, „indem man Freundschaft als Governance-Instrument benutzt". Soziale Netzwerke bieten eine aus vielen Millionen Nutzern (Probanden?) aufgebaute Infrastruktur und ideale Versuchsfelder, um herauszufinden, wie personalisierte Nachrichten funktionieren (welche wirken und welche nicht): in per Echtzeit datengetriebenen Gesellschaften können sich Sozialwissenschaften quasi neu erfinden.

Wenn das Tun im Netz lückenlos überwachbar wird (ist), lassen sich neue Ideen unter Laborbedingungen testen (nur die Nutzer = Probanden wissen davon nichts): der Zuwachs an Wissen (Macht) wäre geradezu unendlich. Ganz Euphorische sehen eine

Welt vor sich, in der in einem System ständiger Überwachung schlechte und irrationale Entscheidungen vermieden werden, wenn man nur das Verhalten durch personalisierte Nachrichten entsprechend zu steuern vermag: „schlechte Angewohnheiten" könnten in Echtzeit aufgespürt, analysiert und korrigiert werden. Nicht gerade beruhigend erscheinen mag, wenn nach Big Data nun „Informationalisierung" das Zauberwort hieße, mit dem sich viele (alle) Probleme dieser Welt lösen ließen: die Hypersichtbarkeit jedes Einzelnen als Preis für die vage Möglichkeit einer besseren Welt scheint doch (zu) hoch angesetzt. Ein worst-case-Szenario wäre dann erreicht, wenn einmal alles und jedes digitalisiert und miteinander vernetzt ist, die total informationsbasierte Welt real geworden, jedermann transparent, nachverfolgbar und manipulierbar geworden ist und die individualistische Sicht der Dinge abhanden gekommen ist.

Raster mit Mustern des Lebens – digitale Sicherheitslage und dunkle Schnittstellen: die Methoden, um Nutzer bei Streifzügen durch das Netz zu verfolgen, werden zahlreicher und raffinierter. So wie ein spezifischer Pinselschwung, bestimmte Farbpigmente oder Strichdicken für Insider einen bestimmten Maler erkennen lassen, so hinterlassen auch Eigenheiten von Browsern ganz individuelle Fingerabdrücke, die auf einen bestimmten Computer hinweisen. Nutzer können gegen ihren Willen und ohne es überhaupt zu wissen, wieder erkannt werden, wenn sie von einer Website zur nächsten klicken: auf professioneller Basis werden so Nutzerprofile eingesammelt und (für was ?) verwertet: die Kritik an unerwünschter Transparenz des eigenen

Nutzungsverhaltens nimmt zu und ist mittlerweile sogar zu einem Standard-Thema auf Feuilleton-Seiten geworden. Bei jedem Klick verfolgt und über Gewohnheiten, Absichten und Interessen abgeschöpft zu werden: das geht gar nicht! Gefühle der Unfreiheit gewinnen an Raum, eine Privatsphäre im Netz (wenn es sie denn jemals gab) wird ausgehebelt. Es scheint so, als sei die Online-Werbeindustrie dabei, mit ihren Geschäftsmodellen den Bogen zu überspannen. Lästig ist sie auch so schon ohnehin genug: welchen Wert haben Inhalte im Netz, wenn sie nicht nur mit Werbung überfrachtet werden, sondern auch noch das Tor zur heimlichen Nutzerverfolgung öffnen?

Sicherheitsexperten machen darauf aufmerksam: wer das Internet nutzt, offenbart das „Muster seines Lebens": dabei geht es nicht nur um Online-Werbung. So gibt es für Betriebssysteme auf Computern und Telefonen neben dokumentierten Schnittstellen (für die Entwicklung von Apps) wohl auch undokumentierte Schnittstellen, die (fast) niemand kennt. Obwohl in keiner zugänglichen Programmdokumentation aufgeführt, ermöglichen sie dennoch Zugriffe auf Daten und Funktionen. Wer Macht über solche Schnittstellen (staatliche Stellen nicht ausgeschlossen) hat, kann Telefone zu Wanzen umfunktionieren, Einstellungen verändern, unbemerkt Software installieren, unbemerkt kopieren und, und, und: die digitale Sicherheitslage ist auf jeden Fall gravierend (schlecht). „Systemwechsel finden dann statt, wenn sich Macht- und Vertrauensverhältnisse und die für selbstverständlich gehaltenen Regeln des Alltagslebens verändern „(Vgl. FAZ, H. Welzer). Immer deutlicher wird erkennbar, welche digitalen Fußspuren jedermann hinterlässt, indem mehr oder weniger unbewusst private Daten abgegriffen oder preisgegeben werden

Als Folgen der allgegenwärtigen Datenerfassung verschieben sich lange Zeit für unverrückbar gehaltene Grenzen zwischen privatem und öffentlichem Raum. Wenn es ein Gegenmittel gegen jene digitale Ernte gibt, die von privaten und öffentlichen Akteuren ungehemmt eingefahren wird, so ist es ein allgemein verbreitetes Verhalten, dass viele alles anders machen, als man es von ihnen erwarten würde. Umso weniger Verhalten transparent wird, umso weniger Möglichkeiten der Manipulation und Steuerbarkeit gibt es. Nischen des Privaten und der Intransparenz bieten gewissen Schutz vor den Folgen der Digitalisierung. Es müssten aber grundsätzlich andere Formen der Kommunikation gefunden und umgesetzt werden. Ein Strukturwandel der digitalisierten Kommunikation könnte vielleicht die Verfügungsmacht über eigene Daten zurückgewinnen und erhalten. Wenn für alles, was man für wichtig hält, auf Internet und Telekommunikation verzichtet würde, d.h. man auch bereit sein würde, sich aus normal gewordenen Kommunikationsformen herauszuhalten, ließe sich die bisherige informationelle Fremdbestimmung vielleicht neu sortieren und orientieren.

Standortthemen mit strategischem Stellenwert - Kommunikationsunterstützung für komplexe Zusammenhänge

Manche verantwortliche Standortakteure arbeiten vielleicht mit Assistenten und greifen nur in Ausnahmefälle selbst auf die sogenannten Executive-Informationssysteme (EIS) zurück. Die Begründung, dass manche Verantwortliche den Faktor „Information" nach wie vor als Bring- und nicht als Holschuld einschätzen oder aber ihre Entscheidungskriterien und damit ihre Informationsbedürfnisse nicht offenlegen wollten, ist kaum zutreffend. Mögliche Erklärung sind u.U. konzeptionelle Defizite, beispielsweise: dass die Potentiale, die Informationsbedürfnisse der Standortakteure umfassend und flexibel abzudecken, viel zu hoch angesetzt werden. Oder: dass die Potentiale, Standortverantwortliche wirkungsvoll zu unterstützen, bessere Entscheidungen schneller zu treffen, viel zu hoch angesetzt werden. Oder: dass die Vorstellung vom „vernetzten Entscheidungsträger" oder „gläsernen Standort" in der Realität als überzogen erscheint. Oder: dass in rein technikorientierten Ansätzen zu wenig berücksichtigt wird, dass sich die Informationsbedürfnisse des Bürgermeisters einer kleineren Gemeinde und des Oberbürgermeisters einer Großkommune in wesentlichen Punkten unterscheiden und teilweise sogar widersprechen. Oder: dass die Einbindung externer -teilweise „weicher"- Umfelddaten zu wenig herausgestellt und auch betriebswirtschaftlich unterstützt wird.

Nicht wenige fühlen, das alles, was in zahllosen Rechnern an Daten wahrgenommen und verarbeitet wird, nicht ausreichen wird, um für die Welt, in der wir uns bewegen, benötigtes Entscheidungswissen zu erzeugen. Der Versuch, fehlendes Wissen, durch Berücksichtigung von immer mehr Informationen zu kompensieren, führt in eine Endlosschleife. Was nötig ist, sich Grenzen des Wissens einzugestehen und sich nicht mit immer mehr Informationen über dessen Fehlen hinwegzutäuschen. Es braucht Personen, die den Mut haben, ohne Rechthaberei zu ihrem fragilen Wissen zu stehen. Dabei steht die Kommune in einem scharfen Wettbewerb, in dem sie langfristig nur durch einen gezielten Einsatz sämtlicher Instrumente und Kompetenzen bestehen kann. Ein professioneller Einsatz der Standortökonomie kann somit zunehmend zu einem kritischen Faktor für den Erfolg werden. Die hier angesprochenen Verfahren können neben direkten Unterstützungs- und Marketingmaßnahmen auch zur Verbesserung der Leistungs- und Kommunikationsfähigkeit der kommunalen Verwaltung eingesetzt werden. Standortfaktoren können nicht beliebig verbessert werden. Jeder Standort muss deshalb für sich herausfinden, auf welchen Feldern und Einflussfaktoren er relativ am meisten Gestaltungsspielraum hat. Das Medium Standortbilanz steigert die Servicequalität der Kommune und stellt für sie einen weiteren Kommunikationskanal dar, um die Ressourcen und qualitativen Vorteile des Standortes nach außen zu tragen. Dieses Konzept verbindet Selbst- mit Fremdeinschätzung und bietet somit zweierlei Mehrwert: einerseits wird damit die Selbstwahrnehmung des Standortes analysiert, andererseits wird die Wahrnehmung aus Sicht von

Investoren hinterfragt. Darüber hinaus hat die Standortökonomie die Aufgabe, komplexe und unübersichtliche Zusammenhänge so aufzubereiten, dass sie für den Entscheidungsprozess (die Entscheidungssituation vor Ort ist auch durch soziale und kommunikative Prozesse geprägt, vieles läuft auf der sozialen und emotionalen Ebene ab) eingesetzt werden können.

Eine Standortbilanz verschafft nicht nur der Kommune selbst, sondern insbesondere auch ortsansässigen und ansiedlungsinteressierten Firmen einen konkreten Vorteil in Form qualifizierter, nachvollziehbarer Standortinformationen. Darüber hinaus können sich die dabei anzuwendenden Verfahren und Instrumente durchaus positiv auf Standortentscheidungen auswirken, die häufig auf der Grundlage von solchen strategischen Informationen getroffen werden. Die detaillierte Bilanzierung gibt eine Antwort darauf, wofür der Standort steht, wie er sich selbst wahrnimmt und wie er von ansässigen und ansiedlungsinteressierten Unternehmen wahrgenommen wird. Die Standortökonomie setzt einen Prozess des Umdenkens in Gang: es werden Kräfte gebündelt, Kernkompetenzen definiert und vernetzt. Ebenso können die Verfahren als Frühwarnsystem wirken, also dazu beitragen, dass Probleme, Konflikte und Handlungsbedarfe frühzeitig geortet werden. Über die Beratung der planenden Verwaltung hinaus kann mit Hilfe der Standortökonomie bei Schlüsselakteuren ein gemeinsames fachliches Verständnis hergestellt und gegenüber den Bürgern eine allgemeine Aufklärungsfunktion wahrgenommen werden.

Akquisitionsschiene der Wirtschaftsförderung: bei der Wirtschaftsförderung hinsichtlich Gewinnung neuer "Kunden" (Investoren, Wirtschaftsansiedlungen) bewegt sich die Kommune in einem zunehmend härter werdenden Wettbewerbsumfeld. Bei einer Gewerbeansiedlung ist das Interesse meist nicht von Beginn an auf einen speziellen Standort eingeschränkt oder festgelegt, d.h. die Akquisitionsschiene der Wirtschaftsförderung muss versuchen, ihr spezifisches Angebot aus einer Vielzahl konkurrierender Angebote herausragen zu lassen.

Datenflut und Informationsverschmutzung mit verzerrten Signalen - digitale Sphäre verschmilzt Netzwelt und Restwelt und im digitalen Epochenwandel verwandeln sich Daten in Dinge und Dinge in Daten

Wenn im Begleitprogramm der digitalen Revolutionen Unternehmen, Institutionen u.a. zur Clearingstellen persönlicher Identitäten werden heißt dieses, dass Macht sich an zentralen Stellen konzentriert: Mächte also, die transparent, regelbar und kontrollierbar sein müssen. Das Internet ist u.a. mit dem Phänomen Google zu einem solchen Drehkreuz von Informationen geworden, dass viele Unternehmen ohne dieses Instrument überhaupt nicht existenzfähig wären. Wer in solcher Weise vom Internet abhängig ist, muss zudem bizarre Verrenkungen anstellen, um den Google-Algorithmen zu gefallen und in den Ergebnislisten möglichst weit vorne wahrgenommen zu werden. Entscheidend ist hierbei nicht etwa noch das hunderttausendste Suchergebnis, sondern einzig und allein jenes, das auf den vordersten eins bis zehn Plätzen der Ergebnisliste auftaucht. Fatal nur, dass jene im Verborgenen wirkenden Algorithmen ihre Beschaffenheit mit schöner Regelmäßigkeit ändern und es für die Weltgemeinde der Internetnutzer immer wieder auf ein Neues heißt: neues Spiel, neues Glück, Ihren Einsatz bitte.

Alle Anstrengungen und Investitionen in eine versuchte Suchmaschinenoptimierung also vergebens: eine Gruppe anonymer kalifornischer Techniker, Mathematiker u.a. entscheidet also darüber, wer wie in der digitalen Welt sichtbar und damit vielleicht überhaupt erst existent ist. Diametral entgegengesetzt zu diesem Streben nach Internet-Präsenz steht nunmehr deutlicher artikuliert das Streben danach, im Dunkeln des digitalen Vergessenwerdens zu verharren. Hier dreht sich alles um den Kern, von jenen geheimen Google-Algorithmen nicht erkannt oder besser überhaupt nicht erst erfasst zu werden: Ziel ist die Unsichtbarkeit im Netz. Diskussionen zwischen wirklichen oder manchmal auch nur selbsternannten Netz-Spezialisten machen eines deutlich: die Welt für Otto Normalverbraucher liegt realistischerweise irgendwo zwischen diesen beiden Extrempunkten. Insofern ist die Informationsqualität des Netzes an vielen Stellen auch eher beschränkt: es gibt eine gewaltige Flut der Informationsverschmutzung, die das Netz mit falschen Daten zumüllt. Denn jedermann ist darauf bedacht, aufrichtige Informationen und Meinungen zurückzuhalten, um von sich ein möglichst positives Scheinbild zu erzeugen, dass auch noch Anerkennung bei fernen Algorithmen-Technikern findet. Statt Informationen zu dem „so sind wir" gibt es mehr verzerrte Informationen zu dem „so wollen wir sein": alles wird dem Bild untergeordnet, dass man online abgeben möchte.

Datenökonomie übernimmt Lösungsintelligenz und Entscheidungsgewalt mit Berechnung von Mustern, die das Leben sein sollen: In der digitalen Sphäre verschmilzt die Netzwelt immer stärker mit der Restwelt. Aus einem Wust von Daten wird eine (vermeintliche) Realität konstruiert. Big Data wird mit Lösungsintelligenz gleichgesetzt. Was in der Praxis bedeutet, dass immer mehr Entscheidungsgewalt auf Maschinen übertragen wird. Durch digitale Vernetzung wird Wirtschaft mehr und mehr zur reinen Datenökonomie. Virtuell bestimmte Profile und Berechnungen haben Einfluss auf das Leben jedes Einzelnen. Alles, was technisch machbar zu sein scheint, wird im unbeirrten Glauben an die Berechenbarkeit der Welt ausgeschöpft: alles was möglich ist, wird gesammelt, aggregiert und ausgewertet. Denn alles könnte wichtig sein für die Berechnung von Mustern, die das Leben sein sollen. Die Gefahr ist, dass individuelles Leben auf ein Datenmodell reduziert wird.

Technologische Verschiebungen im Besitz von Wissen und veränderten Kommunikationsformen: Technik formt auch Strukturen des Wissens, Technik beeinflusst die Modalitäten des Entstehens von Wissen. Der Wandel von Wissen verändert die uns umgebende Welt einschließlich Reaktionen des Bewusstseins. Elektronische Technologien verändern traditionelle Denkstrukturen. Der Wandel der Kommunikationsformen hat gesellschaftliche Auswirkungen: elektronische Kommunikation überspringt und verschiebt Grenzen: sie verändert Bedingungen und bisherige Restriktionen der Zeitlichkeit. Während früher die Sphäre des Privaten auf mündlicher Kommunikation basierte mündet dies heute vor dem Hintergrund technologischer Verschiebungen in sozialen Netzwerken. Die Konfrontation mit den Herausforderungen der digitalen Revolution verlangt nach dem Verstehen dessen, was da geschieht. Bevor dies aber möglich wird, müssen Strukturen und Prozesse der auf uns in immer schnellerer Folge einstürmenden elektronischen Technologien aber erst einmal identifiziert und erfasst werden. So hat der klassische Besitz von Wissen über das Gedächtnis an Bedeutung verloren: elektronische Medien schaffen neue Möglichkeitsräume in denen alles verfügbare Wissen auf jedem Laptop zugänglich gemacht werden kann. Mit der Anbindung an elektronische Systeme entstehen neue Szenarien mit einer fortschreitenden Virtualisierung des Lebens.

Wirkungsstärke mathematisierter Korrelationen und Kausalitäten: in der Welt der Daten ist nicht alles schlecht, aber vieles auch nicht eben gerade gut. Gut möglich, dass das digitale Schiff, sprich Technologie der Informationsgesellschaft, einen Kurs steuert, an dessen Ziel man nicht hin wollte. Zu viele Risiken birgt noch der nachhaltige Umgang mit digitalen Daten: sowohl Gewinn als auch Kosten von „Big Data" gehören zur laufenden Kontrolle auf den Prüfstand. Neben manchen Vorteilen dürfen Gefahren der Datenproliferation nicht aus den Augen verloren werden. Man darf es „nicht einer Mathematik überlassen, die systematisch Kausalitäten und Korrelationen erzeugt, deren Effekte wir spüren, aber deren Zustandekommen wir nicht nachvollziehen können "(Vgl. FAZ, Frank Schirrmacher). Im digitalen Epochenwandel verwandeln sich Daten in Dinge und Dinge in Daten: die Reputation oder Kreditbonität einer Person wird nicht mehr persönlich beurteilt und vermessen, sondern von jenen für Außenstehende nicht nachvollziehbaren, d.h. intransparenten Algorithmen berechnet. Ohne Diskussion, Konsens, Vereinbarung oder Abstimmung der Beteiligten werden ökonomische und gesellschaftliche Spielregeln neu bestimmt.

Der Möglichkeitsraum für Entscheidungen wird einseitig festgelegt und abgegrenzt, Demokratie auch im Datenraum sieht wohl anders aus.

Digitale Allgegenwärtigkeit mit Vernetzung aller Bereiche des Lebens, Arbeitens, Wirtschaftens - Data-Profiling und Transparenz als Sinnesorgane einer Standortbilanz

Die Nutzung von personenbezogenen Daten hat einen ökonomischen Wert. Offenbar ist dieser derart hoch, dass hierauf zahlreiche Geschäftsmodelle aufgebaut werden und bei vielen Akteuren im Netz immer wieder neue Begehrlichkeiten geweckt werden. Einmal erhobene Primärdatensätze können für unterschiedliche Zwecke oder unterschiedliche Akteure x-fach ausgewertet werden. Einerseits können hierdurch ganz neue Geschäftsideen, Prozesse und Produkte entstehen, andererseits dürfen damit verbundene Schattenseiten nicht aus den Augen verloren gehen und Risiken einfach ausgeblendet werden. Denn: „die Zielgruppe wird zum gehandelten Gut, das mit intransparenten Strukturen zu kämpfen hat, keine Kontrolle mehr über die Sicherheit der angebotenen Systeme, über eventuelle Zugriffe oder Löschung ihrer persönlichen Daten ausüben kann. Bei einer sich verstärkenden Schieflage der Datenhoheit könnte so manchem vielleicht doch noch der Spaß an der digitalen Kommunikation mit algorithmenbasierten Analysemethoden vergehen. Ein wachsendes Misstrauen gegenüber Ansammlungen großer Datenberge könnte gepaart mit einem allgemeinen Vertrauensverlust auf die Akteure mancher Geschäftsmodelle zurückfallen. Für sich genommen mögen Rohdaten wie etwa Suchbegriffe der Internetnutzung, Webseitenbesuche, Lokationsdaten der Mobilfunknetze, Kreditkartenabrechnungen, Datenbanken der Grenzübertritte,

Flugbuchungen und alle sonstigen digitalen Spuren nicht immer von großem erkennbaren Wert sein. Werden diese jedoch in einen Kontext gesetzt, etwa mit Informationen über andere Menschen und Ereignisse, entsteht eine neue Kategorie „Intelligence". In den Datenkatakomben der Algorithmen entstehen Destillationsketten, die digitalen Lebensspuren Sinn und Bedeutung verleihen. Eine solche digitale Allgegenwärtigkeit muss transparent offenlegen, was technisch geschieht (oder unterbleibt), wer haftet und verantwortlich ist. Wichtig ist nicht nur zu wissen, welche Daten gesammelt werden: es geht auch (oder noch viel mehr) um Möglichkeitsräume, die sich aus den Datenbeständen (ggf. durch zukünftige Technologien) ergeben können. Die Digitalisierung hat längst schon die Vernetzung aller Bereiche des Lebens, Arbeitens, Wirtschaftens und Regierens erfasst.

Ein Standort ist mehr als nur die Summe seiner Gebäude und Flächen: es geht um eine Bewertung des „Unbewertbaren", d.h. die Bewertung von (nach manchen Auffassungen) nicht bilanzierbaren Standortwerten. Eine wichtige Grundlage dafür stellt das Instrument einer Standortbilanz deswegen dar, weil sich mit seiner Hilfe eine umfassende Bestandsaufnahme und Bewertung auch von immateriellen Faktoren realisieren lässt: mit dem Konzept der Standortbilanz lässt sich zudem eine Systematik anwenden, die auch zu den (zahlenorientierten) Denkstrukturen des Finanzbereichs passt. Die Standortbilanz macht Zusammenhänge zwischen Zielen, Geschäftsprozessen, Standortressourcen und Geschäftserfolg transparenter. Durch das

Hinterfragen komplexer Prozesse wird die Basis für zukünftige Verbesserungsmöglichkeiten gelegt. Da sich die Standorte nach Größe, wirtschaftlichem und sozialem Umfeld und nicht zuletzt auch hinsichtlich politischer Zielsetzungen unterscheiden, muss jede Kommune eine eigene Lösung entwickeln, die ihrem individuellem Profil am besten entspricht und zur Differenzierung von anderen Standorten die Stärken überzeugend herausstellt, gleichzeitig aber mögliche Schwachpunkte nicht verschweigt. Dabei ist die Potenzialperspektive ein strategisches Kernelement. Die Schwierigkeit des Erkennens von Potenzialen liegt vor allem darin, dass sie häufig mehr in Form von Visionen als in Form von exakt mess- und kontrollierbaren Zahlenwerten fassbar gemacht werden können. Ein ambitioniertes Planungsverständnis sollte dafür sorgen, dass das detaillierte Bild der immateriellen Standortfaktoren nicht länger unschärfer ist als beispielsweise das Wissen über Topografie, Flächennutzung, Landschaft und Umwelt. In einer Standortbilanz interessieren alle jene Kriterien, nach denen Unternehmen ihre Entscheidungen für und gegen Neu- bzw. Erweiterungsinvestitionen treffen. Man braucht ein Konzept, das beschreibt/ vorgibt, wie sich der Standort anhand der ihn aus-/ kennzeichnenden (immateriellen) Faktoren positionieren will. Die Entwicklung des Standortes ist das Ergebnis einer Vielzahl von Faktoren. Aufgrund von Untersuchungen lassen sich einige, besonders relevant erscheinende Bereiche hervorheben. Anhand dieser sowohl wachstumsbeschleunigenden als auch bremsenden Einflussfaktoren, muss jeder Standort für sich genau analysieren, ob er bisher langsamer oder schneller gewachsen ist, sich besser oder schlechter entwickelt hat, als die Standortfaktoren es ihm erlaubt hätten.

Für einen möglichst effizienten Einsatz ihrer Budgets verlangen Werbetreibende immer genauere Profile von Konsumenten und potenziellen Kunden. Im Netzwerk werden persönliche Nachrichten und Daten der Nutzer systematisch durchforstet. Hinter kostenlosen Angeboten wird umfangreiches Data-Profiling betrieben: Nutzer zahlen mit ihren Daten. Doch sind dies alles verkappte Zahlungen, von denen Nutzer nichts wissen und merken. Auf Bergen äußerlich recht wertlos erscheinender Daten hat die Digitalisierungsindustrie Firmen mit unglaublicher Markt- und Marketingmacht entstehen lassen. Es führt kein Weg an mehr Transparenz von Daten-Profiling und deren Algorithmen vorbei. Wenn die virtuelle Identität eines Individuums von Experten als bereits umfangreicher eingestuft wird als das Wissen, das die meisten Ehepartner voneinander haben, muss man den Blick hierfür schärfen und eigenes Beurteilungsvermögen einsetzen und ausschöpfen.

Oft ist das eigentliche Standortgeschehen kaum für Schlüsselpersonen vor Ort und noch weniger für Außenstehende wie beispielsweise dringend benötigte Investoren durchschaubar. Nur wer über alle erfolgsrelevanten Standortfaktoren, -prozesse sowie für den Erfolg verantwortlichen Stell-Hebel umfassend und genauestens Bescheid weiß, sie nachvollziehbar bewerten, messen und in ihrer Relation einordnen kann, weiß wo er am besten eingreifen und verbessern kann und dabei Prioritäten besser steuern sowie Chancen und Risiken in ein günstiges, nachhaltig abgesichertes Verhältnis zueinander bringen kann. Meist ist es recht selten so, als ob über dem Standort ein Schleier von verhüllenden Standortfaktoren und undurchsichtigen Erfolgsgeheimnissen läge. Vielmehr ist es allzu oft ein eher lückenhaftes Netz oder gar Nicht-Schleier an nur unvollständig oder in ihrer Wirkungsbeziehung untereinander gänzlich unbekannten Faktoren und Prozesse.

D.h. oft ist das eigentliche Standortgeschehen kaum für Schlüsselpersonen vor Ort und noch weniger für Außenstehende wie beispielsweise dringend benötigte Investoren durchschaubar, geschweige denn anhand einer auch quantitativ nachvollziehbaren Darstellung in transparenter Weise nachvollziehbar. Standortbilanzen müssen als Investitionen gesehen und als solche gehandhabt und bewertet werden. Hierzu aufgesetzte Projekte sollten sich wie alle sonstigen Investitionen auch zuvor einer detaillierten Kosten-Nutzen-Analyse mit klar abgrenzbarem Zeithorizont und Bilanzierungsbereich stellen. Voraussetzung und Grundlage hierfür ist die vorherige Ausarbeitung eines detaillierten Arbeitsprogramms. Unabhängig davon, ob man einen Standort eher mit seinem Innenleben (Entscheidungs-, Abstimmungs- und Moderationsprozesse zwischen verschiedenen politischen Ebenen), seinem nach außen gerichteten Auftreten, Erscheinungsbild und -profil (angebotsorientiertes Standortmarketing) oder aus der Sicht von außenstehenden Dritten (nachfrageorientierte Standortanalyse, -vergleich) betrachten will: letztlich muss immer nur das Ganze mit allen Facetten, dynamischen

Wirkungszusammenhängen einschließlich auch aller Nebenwirkungen interessieren.

Im Zuge der Umstellung auf eine doppelte kaufmännische Buchführung müssen Kommunen nunmehr Eröffnungs-/ Vermögensbilanzen erstellen und jährlich aktualisieren. Ermittelt werden u.a. Eigenkapitaldeckung, Anlagendeckungsgrad und Liquiditätskennziffern. Beispielsweise wird aus diesen Werten ersichtlich, wie gut die Kommune in der Lage ist, kurzfristige Kredite zu decken, ohne weitere Darlehen aufzunehmen. In Form der aus der Wirtschaft bekannten konsolidierten Konzernbilanz wird eine Stadt als ein einziges Unternehmen betrachtet, d.h. die Aktiva und Passiva auch jeder Beteiligung addiert. Insgesamt lässt sich ablesen, wie es um die Finanzen einer Stadt bestellt ist. Die Sinnesorgane einer Standortbilanz sind geeignete Indikatoren. Indikatoren sind unentbehrlich, das jeweilige Geschehen mit den dafür am besten geeigneten Messpunkten erfassen zu können. Indikatoren bilden somit die Schnittstelle zwischen den meist komplexen Standortfunktionen und den hierfür zuständigen Standortverantwortlichen/ –entscheidern.

Künstliche Intelligenz für die Datenanalyse und Kombinatorik -Rechner mit intelligenter Geisteskraft oder Moore's Law an den Grenzen der Physik

Schnelle Fortschritte bei Suchmaschinen, in der Sprach-, Bild-, Personen- und Dokumentenerkennung vergrößern die Anwendungsbreite für KI. Allerdings ist die reale Welt wesentlich unberechenbarer als ein Schachbrett mit 64 Feldern oder selbst das komplexe Brettspiel Go. D.h. die Erprobung einer Spielwelt ist einfacher, weile diese geordneter und strukturierter als die reale Welt draußen abläuft. In dieser hat man es mit Unmengen unterschiedlichster Wirkung und der Vernetzung zahlreicher verschiedener Systeme und Elemente tun. Da es hierbei ungleich chaotischer zugeht, dauert es in der wirklichen Welt länger, die notwendigen Daten im benötigten Umfang zu erfassen und hieraus Prozesse zu entwickeln. Doch KI macht (große) Fortschritte: während man Computer mit Programmen für bestimmte Anwendungen bestückt und solche Programme nunmehr durch Algorithmen anhand von Trainingsdaten selbst entwickeln lässt. Denn der Mensch von heute braucht Computer und maschinelles Lernen mehr denn je, da er durch zu viele Informationen, zu viele Daten, zu viele Medien oder zu wenig Zeit zunehmend überfordert ist. Intelligenz beruht auf Lernfähigkeit und darauf, sich an veränderte Bedingungen selbständig anpassen zu können. Ein Lernalgorithmus, der alle notwendigen Strukturen entdeckt, um Daten auch ohne menschliche Hilfe eigenständig klassifizieren zu können, kommt mit Hilfe von neuronalen Netzwerken seinem biologischen Vorbild am nächsten. Obwohl sich Algorithmen manchmal noch schwer tun, da sie für ihr Tun gigantische Datenmengen an Daten benötigen. Maschinen können zwar lesen, hören , sehen oder selbst fühlen oder schmecken. Doch alles zusammen mit der für einen Menschen so alltäglichen Kombinatorik gelingt ihnen nicht. Für manche Anwendungen gibt es noch zu wenig Lernmaterial, mit dem man die Computer füttern könnte (oder müsste, um den Herausforderungen des Lernens zu genügen). Auch haben Untersuchungen ergeben, dass es manchmal gefährlich werden könnte, die Lernerfolge von Algorithmen nur als Black Box zu behandeln ohne zu verstehen, was sich dort in ihrem Inneren wie und warum abspielt. „Da die nichtlinearen Transformationen, die von den künstlichen neuronalen Netzwerken angestellt werden, wenig transparent und schwer zu interpretieren sind." Auch wenn ein Algorithmus seine Inputdaten immer richtig zuordnet könnte es durchaus wichtig sein oder werden, herauszufinden, wie und warum das neuronale Netzwerk tut, was es tut.

Rechner mit intelligenter Geisteskraft: die Umwälzung durch künstliche Intelligenz (KI) ist ebenso disruptiv wie die durch Elektrifizierung. Schlaue Computerprogramme verstehen, was wir sagen, können alleine Autos fahren, kurieren komplizierte Krankheiten, retten die Umwelt oder wollen alle Menschen reicher machen. Rechner haben Fertigkeiten erlangt, über die bisher nur Menschen verfügen konnten. Informatiker und Mathematiker beschäftigen sich mit dem Problem, wie sie intelligentes Verhalten auf Computern realisieren können. „Das alltägliche Leben einer Person erfordert eine große Menge Wissen über die

Welt. Viel davon ist subjektiv und intuitiv und darum schwer formell darstellbar. Computer müssen dieses Wissen erfassen, um sich intelligent verhalten zu können. Eine der großen Herausforderungen in der künstlichen Intelligenz ist es, wie wir dieses informelle Wissen in einen Computer bekommen." Fachleute meinen, „dass Computer einmal mindestens in begrenztem Umfang schlauer als Menschen sein werden. In vielen speziellen, klar definierten und messbaren Tätigkeiten sind sie das bereits. So ähnlich wie die industrielle Revolution menschliche Muskelkraft und Körperfähigkeiten vielfach neutralisierte, werden intelligente Rechner das mit der Geisteskraft tun."

Beispielsweise werden Programme entwickelt, die mit Hilfe von riesigen Datenmengen aktuelle und künftige Gefahren abschätzen können, um Sicherheitsentscheidungen zu treffen. Dabei werden verschiedene Schichten von Daten aufgeschlüsselt: auf der untersten Ebene liegen statistische Informationen von Städten oder Landkreisen, Kriminalitätsrate, Einbruchstatistiken und Unfälle. Mit jedem zusätzlichen Datensatz soll der Algorithmus schlauer werden. Über alle gesammelten Daten wird eine Echtzeitebene gestülpt, durch aktuelle Ereignisse können errechnete Ergebnisse angepasst werden. Der Computer leuchtet aus, was kritische Prozesse sind und was passiert, wenn diese ausfallen würden. Der schlaue Computer vermeidet eine große Schwäche jetziger statischer Systeme, die nur in die Vergangenheit blicken: denn Risikoanalysten überprüfen im Grunde nur ihre Einschätzung vom Vortag und personalisieren das Risiko nicht, obwohl kaum etwas so unterschiedlich ist wie das persönliche Sicherheitsempfinden.

Grundlage des maschinellen Lernens sind künstliche neuronale Netze. Sie sind den Hirnstrukturen nachempfunden und bestehen aus unzähligen verbundenen „Neuronen", in Schichten organisierten Recheneinheiten. Es geht darum, Daten zu verstehen und die richtigen Fragen zu stellen. Vor allem dort, wo sich aus der Analyse neue Fragen ergeben, die man erst noch formulieren muss. Denn Daten erzählen nicht nur eine Geschichte, sondern tausend. Beim sogenannten „Open Data" machen auch öffentliche Stellen und Einrichtungen ihre Daten (beispielsweise Statistiken, Geodaten, Echtzeit-Verkehrsdaten wie Parkplatzsituationen, Informationen über öffentliche Einrichtungen wie Kindergärten und Krankenhäuser oder Umweltdaten wie Luft- und Wasserqualität) zugänglich, damit sie zu Informationen umgewandelt werden können, die allen nutzen können.

Moore's Law an den Grenzen der Physik: für die Digitalisierung der Wertschöpfungsketten (Industrie 4.0) braucht man mehr Chips. Mehr Chips aber bedeuten: mehr Software in Maschinen und Produkten. Das Gesetz von Moore: die Zahl der auf einem Siliziumchip vorhandenen Transistoren verdoppelt sich alle 24 Monate. Experten aber datieren das Ende dieser Gesetzmäßigkeit derzeit auf das Jahr 2021. Hintergrund dieser Aussage: „die Software ist nicht mehr ganz so stark auf stetigen Ressourcenhunger programmiert, aber auch im Computer selbst konnte man zuletzt größere Geschwindigkeitsvorteile durch den Einbau einer schnelleren Festplatte erreichen als zwangsläufig durch schnellere Chips". Nach Expertenmeinung wird Software wohl die Welt beherrschen und nicht unbedingt der Chip, den sie steuert.

Ohnehin war klar, dass das Moore'sche Gesetz als eine Exponentialfunktion nicht in alle Ewigkeit so weiter fortgeschrieben werden konnte. Aber die Welt dreht sich trotzdem weiter, und zwar immer schneller: nie wieder wird sich die Welt so langsam verändern wie heute (meinte jemand auf dem Weltwirtschaftsforum). So könnten mit den Erkenntnissen von Neurowissenschaften Fortschritte erzielt werden, die derzeit noch außerhalb der menschlichen Vorstellungskraft liegen. Bis hin zu neuen Steigerung der Energieeffizienz. Vor dem Hintergrund der Tatsache, dass ein menschliches Gehirn (für manchmal unglaubliche Leistungen) nur gerade einmal zwanzig Watt verbraucht, um zu funktionieren. Oder es wird behauptet:„Jeder Dollar, der zum Beispiel in die Erforschung des Genoms gesteckt wird, hat den Kapitaleinsatz um das 200-fache zurückverdient".

www.ingramcontent.com/pod-product-compliance
Lightning Source LLC
Chambersburg PA
CBHW031423210526
45464CB00005B/2029